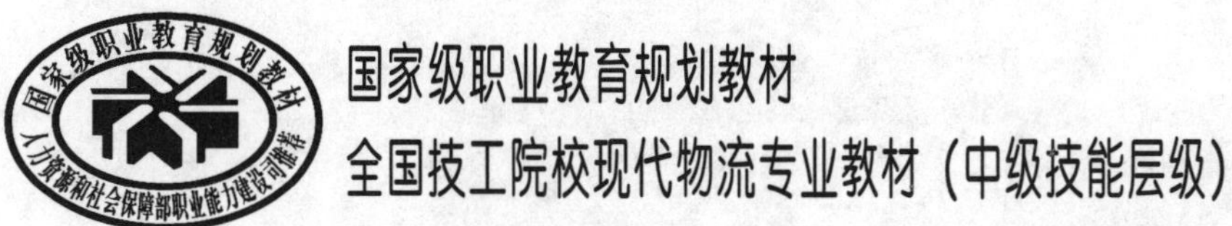

国家级职业教育规划教材

全国技工院校现代物流专业教材（中级技能层级）

现代物流基础

（第二版）

人力资源社会保障部教材办公室组织编写

郝　冰　主编

中国劳动社会保障出版社

简　介

本书从我国物流行业的现状出发，结合技工教育注重实践和技能的特点进行编写，主要包括物流与物流管理、运输、仓储管理、配送管理、物流增值服务、装卸搬运、物流信息技术、采购与供应链管理、电子商务与物流等内容。本书配有电子课件，可通过职业教育教学资源和数字学习中心（http://zyjy.class.com.cn）下载。

本书由郝冰任主编，唐义、陶琬丛任副主编，李明玉、周晓督、王宏参加编写。

图书在版编目(CIP)数据

现代物流基础/郝冰主编. --2 版. --北京：中国劳动社会保障出版社，2019
全国技工院校现代物流专业教材. 中级技能层级
ISBN 978-7-5167-4095-8

Ⅰ.①现…　Ⅱ.①郝…　Ⅲ.①物流-中等专业学校-教材　Ⅳ.①F252

中国版本图书馆 CIP 数据核字(2019)第 163460 号

中国劳动社会保障出版社出版发行
（北京市惠新东街 1 号　邮政编码：100029）

*

北京鑫海金澳胶印有限公司印刷装订　　新华书店经销
787 毫米×1092 毫米　16 开本　11.75 印张　221 千字
2019 年 8 月第 2 版　　2025 年 8 月第 9 次印刷
定价：22.00 元

营销中心电话：400-606-6496
出版社网址：http://www.class.com.cn
http://jg.class.com.cn

前言

全国中等职业技术学校物流专业教材出版于2006年，并于2013年进行了首次修订和补充。近年来，随着经济的发展和技术的更新，物流行业已经进入新的发展阶段，物流企业对从业人员的知识水平和职业能力提出了更高的要求。为了适应这些变化，培养更加符合物流企业需求的中级技能人才，我们组织了一批教学经验丰富、实践能力强的一线教师和行业、企业专家，在充分调研的基础上，对现有教材进行了新一轮修订和补充。

本次修订和补充的教材包括《现代物流基础（第二版）》《物流设施设备（第三版）》《物流成本管理基础（第三版）》《商品检验与包装（第三版）》《采购基础知识与技巧（第三版）》《物流运输基础与实务（第三版）》《仓储基础知识与技能（第三版）》《配送基础知识与实务（第二版）》《物流信息技术（第二版）》《物流客户服务》《货物养护作业实务》和《叉车作业实务》。

本次教材修订和补充工作的重点主要体现在以下几个方面：

第一，突出教材的实用性。本着“学以致用”的原则，新版教材的结构和内容根据物流企业的工作实际进行了调整和更新，对操作性较强的课程，教材在编写中采用任务驱动或理实一体化的模式，突出对学生实际操作能力的培养。

第二，突出教材的先进性。新版教材根据物流行业的现状和发展趋势，尽可能多地体现新知识、新技术、新方法、新设备，以期缩短学校教育与企业岗位需求的距离，同时，严格执行国家最新技术标准。

第三，突出教材的易用性。新版教材充分考虑学生的认知规律，注重利用图表、实物照片和案例辅助讲解知识点和技能点，部分教材还配有操作视频，学生扫描相应二维码即可观看，为学生营造生动、直观的学习环境，激发学生的学习兴趣。同时，新版教材还配有电子课件，便于教师开展教学工作，提高教学效率。

本套教材的编写得到了有关省市教育部门、人力资源社会保障部门和一批职业院校的大力支持，教材编审人员做了大量的工作，在此，我们表示诚挚的谢意！同时，恳切希望广大读者对教材提出宝贵的意见和建议。

人力资源社会保障部教材办公室

目　录

第一章　物流与物流管理

物流的概念从被提出至今已有上百年的时间了，随着经济的发展，物流的地位不断提升，物流技术应用层出不穷，物流管理理念不断创新，物流已经成为现代经济发展不可缺少的重要推动力之一，在国民经济中发挥着越来越重要的作用。

第一节　物流基本知识

【引导案例】

中国目前正在成为世界家电制造中心，同国际一流的企业相比较，物流是中国制造企业最有希望降低成本、提高效益的环节。科星公司通过参股专业的物流企业，在家电生产企业和物流服务商之间利用资本纽带关系构建家电物流平台，开创了国内家电企业物流管理的新思路，进行了三个方面的物流优化。

第一，物流组织整合和流程优化。公司将子公司合并，组成了一个物流部门。同时，公司引入了物流业务运作信息系统，通过运输计划和仓储计划统一管理全流程数据库。

第二，物流运输整合和系统优化。公司将原来的车队改制后全部推向市场，通过联合招标对车队进行整合。

第三，物流仓储整合和资源优化。公司根据生产计划及时调整原来的作业半径，通过调仓、换仓、拆小取大，形成了四大产品的仓储发运片区，进行集中管理。

结合上述科星公司采取的物流策略思考：物流如何帮助企业降低成本？从案例中能发现物流的构成要素有哪些？

一、物流的概念

物流行业自产生以来，就在社会经济活动中扮演着重要的角色，也是人们逐渐深入研究的领域。我国的物流概念是 1979 年从日本引入的，英文为“Logistics”。

物流由“物”和“流”两个基本要素组成。“物”是指一切可以进行物理性位移的物质资料，如日用品、石油、天然气等以各种形态存在的物质资料。“流”指的是物理性运动，即以地球为参照物的“位移”。“流”可以是大范围的，如国与国之间的移动，也可以是小范围的，如同一地域中的移动。

国家标准《物流术语》（GB/T 18354—2006）对物流的定义是：物品从供应地向接收地的实体流动过程。根据实际需要，将运输、储存、装卸、搬运、包装、流通加工、配送、信息处理等基本功能实施有机结合。

根据这个定义，物流是物品从供应地向接收地的实体流动，即只要是符合这个条件的实体流动过程都可以看成是物流。

物流也可以理解为供应链的一部分，是为了满足客户需求而对物品、服务及相关信息从原产地到消费地的高效率、高收益的流动和储存进行的计划、实施与控制过程。例如，液体牛奶物流包括牛奶生产基地、原奶储存、原奶运输、液体奶加工、包装、流通加工、装卸车、入库、配送、交货等，如图 1—1 所示。

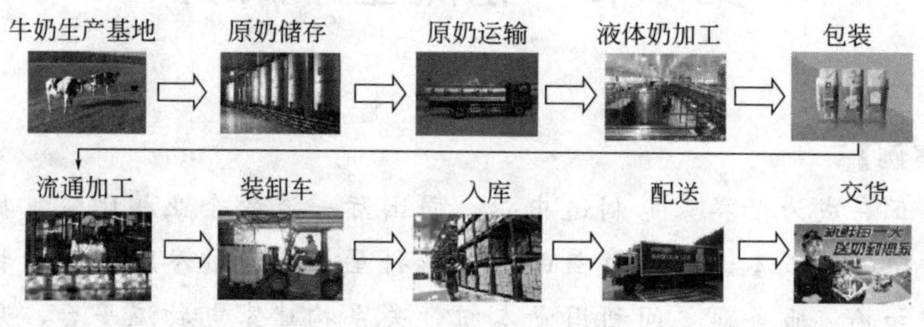

图 1—1　液态牛奶物流

【想一想】

在超市中可以很方便地买到各种食品、饮料，这些商品从生产到销售都经历了哪些物流环节？

二、物流的分类

物流可有多种分类方式，本书重点介绍两种：一是按照物流系统的作用分类，二是按照从事物流活动的主体分类。

1. 按照物流系统的作用分类

按照物流系统的作用不同，物流可以分为采购物流、供应物流、生产物流、销售物流、回收物流、废弃物物流。

(1) 采购物流

采购物流是指原材料、零部件或其他物品从供货方送达购买方的过程中所发生的物流活动。

(2) 供应物流

供应物流是指为下游客户提供原材料、零部件或其他物品时所发生的物流活动，即生产企业、流通企业或消费者购入原材料、零部件或其他物品的物流过程。

【知识链接】

供应物流

对生产企业而言，供应物流指采购生产活动所需要的原材料、零部件或其他物品过程中所发生的物流活动；对流通企业而言，供应物流指交易活动中从买方自身角度出发所发生的物流活动。

(3) 生产物流

国家标准《物流术语》(GB/T 18354—2006) 对生产物流的定义是：企业生产过程发生的涉及原材料、在制品、半成品、产成品等所进行的物流活动。生产物流是制造产品的企业所特有的物流类型，与生产流程同步。原材料、半成品等按照工艺流程在各个加工点之间不停顿地移动、流转，形成了生产物流。如果生产物流中断，生产过程也将随之停顿。

(4) 销售物流

国家标准《物流术语》(GB/T 18354—2006) 对销售物流的定义是：企业在出售商品过程中所发生的物流活动。销售物流主要指商品从生产者或持有者到用户或消费者过程中的物流，对于工厂是指售出产品，而对于流通领域是指交易活动中从卖方角度出发所发生的物流。

(5) 回收物流

在生产及流通活动中，有一些物资是要回收并加以利用的，如作为包装容器的纸箱、塑料筐、酒瓶等，建筑行业的脚手架也属于这一类物资。此外，还有可用杂物的回收分类和再加工，如报纸、书籍通过回收、分类可以再制成纸浆加以利用，以及不合格物品的返修、退货。这类物资回收产生的物流活动称为回收物流。国家标准《物流术语》(GB/T 18354—2006) 对回收物流的定义是：退货、返修物品和周转使用的包装容器等从需方返回供方或专门处理企业所引发的物流活动。

(6) 废弃物物流

国家标准《物流术语》(GB/T 18354—2006) 对废弃物物流的定义是：将经济活动或人民生活中失去原有使用价值的物品，根据实际需要进行收集、分类、加工、包装、搬运、储存等，并分送到专门处理场所的物流活动。开采矿山时产生的土石，炼钢生产中的钢渣、工业废水，以及其他一些无机垃圾等，如果不妥善处理，会造成环境污

染，对这类物资的处理过程产生了废弃物物流。废弃物物流具有不可忽视的社会效益。

2. 按照从事物流活动的主体分类

按照从事物流活动的主体不同，物流可以分为第一方物流、第二方物流、第三方物流和第四方物流。

（1）第一方物流

第一方物流是指卖方、生产者或者供应方组织的物流活动。这些企业的主要业务是生产和供应商品，但为了其自身生产和销售的需要，也要进行物流网络及设备的投资、经营与管理。供应方或者厂商一般都需要投资配备一些仓库、运输车辆等物流基础设施。卖方为了保证生产正常进行而建设的物流设施是生产物流设施，为了产品的销售而在销售网络中配备的物流设施是销售物流设施。总的来说，由制造商或生产企业自己完成的物流活动称为第一方物流。

（2）第二方物流

第二方物流是指买方、销售者或流通企业组织的物流活动。这些企业的核心业务是采购并销售商品，为了销售业务需要而投资建设物流网络，购买物流设施和设备，并进行具体的物流业务运作组织和管理。严格地说，从事第二方物流的企业属于分销商，如供应商送货上门。

（3）第三方物流

国家标准《物流术语》（GB/T 18354—2006）对第三方物流的定义是：独立于供需双方，为客户提供专项或全面的物流系统设计或系统运营的物流服务模式。通俗地说，第三方物流是指第三方专业物流企业以签订合同的方式为其委托人提供所有的或一部分物流服务，所以也称为合同制物流。

第三方物流是物流专业化的一种重要形式，第三方不参与物品供、需之间的直接买卖交易，而只是承担从生产到销售过程中的物流业务，包括物品的包装、储存、运输、配送等一系列服务活动。

（4）第四方物流

第四方物流是一个供应链的集成商，是供需双方及第三方的领导力量。它不是物流的利益方，而是通过拥有的信息技术、整合能力和其他资源提供一套完整的供应链解决方案，以此获取一定的利润。它帮助客户降低成本和有效整合资源，并且依靠优秀的第三方物流供应商、技术供应商、管理咨询商和其他增值服务商，为客户提供定制供应链解决方案。

【想一想】

以下物流分别属于第几方物流？

1. 某汽车制造厂为销售汽车自己成立的物流部门。

2. 某大型超市为采购物品自己成立的物流部门。

3. 某物流咨询公司。

4. 一家专门提供仓储和运输服务的物流公司。

三、物流的价值表现

物流活动通过储存、运输、搬运等实现了商品从供方向需方的转移过程，克服了供需双方空间上的距离和时间上的差异，创造了时间价值和空间价值，同时还能通过加工改变商品的物理性质或化学性质。

1. 时间价值

供给与需求之间存在时间差，通过改变这一时间差所创造的价值称为物流的时间价值。例如，很多农作物的种植和收获是有季节性的，但人们每天都要食用，农作物的消费时经常性的，这种季节性生产和经常性消费之间需要储存来实现平衡，这就是物流时间价值的体现。

物流的时间价值有三种表现形式：缩短时间创造价值、弥补时间创造价值和延长时间创造价值。例如，生产领域通过加速商品周转速度、缩短生产周期来加快资本周转，获取收益，这就是物流缩短时间创造价值的体现；农业生产的季节性和需求的连续性就是通过仓储等弥补时间创造价值的；通过延长时间创造价值不是普遍现象，待机销售的囤积活动属于这种情况。

2. 空间价值

供给者和需求者往往处于不同的空间位置，改变物品位置创造的价值称为物流的空间价值。物品在不同的地理位置会有不同的价值，通过物流将物品由低价值区域转移到高价值区域，可获得空间的价值差利益，这就是物流空间价值的体现。

物流的空间价值具体有从集中生产场所流入分散需求场所创造价值、从分散生产场所流入集中需求场所创造价值等几种表现形式。例如，钢铁、煤炭等原材料在一个地区密集生产，这些产品需要通过物流流入分散的需求地区，物流的空间价值由此体现。

3. 加工附加值

流通加工是流通过程中的特殊生产形式，通过特定加工方式增加商品的附加值，这就是物流活动创造加工附加值的表现。流通加工是物流过程中增值作用的体现，可提高物流服务水平。

第二节 物流管理

【引导案例】

青岛啤酒股份有限公司（简称“青岛啤酒”）在迅速完成扩张后，营销策略由以规模为主的“做大做强”相应转变为以提升核心竞争力为主的“做强做大”。啤酒下线后送达终端市场的速度，即所谓“新鲜度管理”，成为青岛啤酒打造企业核心竞争力的关键因素。

1. 改善物流管理信息系统

青岛啤酒决定利用先进的信息化手段再造销售网络，组建青岛啤酒销售物流管理信息系统，并建立起销售公司，与各销售分公司的物流管理信息系统无缝连接，实现“订单经济”。

2. 建立现代物流管理系统

青岛啤酒筹建了技术中心，将物流、信息流、资金流全面统一在计算机网络的智能化管理之下，简化业务运行程序，对运输仓储过程中的各个环节进行了重新整合、优化。

青岛啤酒通过一系列物流整合措施，顺利实现了物流效率的提升、物流成本的降低和服务水平的提高，增强了品牌的竞争力。

结合该案例思考：什么是物流管理的内涵？

一、物流管理的概念

国家标准《物流术语》（GB/T 18354—2006）对物流管理的定义是：为达到既定的目标，对物流的全过程进行计划、组织、协调与控制。物流活动存在于企业各部门，以原材料、半成品和成品等物料的形式在企业内外流动，物流管理控制的对象包括物流全过程，就是指物料经过的包装、装卸、运输、储存、流通加工等环节的全过程。

理解物流管理概念应把握以下几点：

1. 物流管理的职能是对物流活动进行计划、组织、协调和控制。物流管理不是对单个物流功能要素的管理，而是动态、全要素、全过程的管理。

2. 物流管理强调系统优化。物流各要素之间存在冲突性，效益相悖现象普遍，如高频次的交货能够降低客户的存储压力，但会增加企业的运输成本。物流管理就是要通过有效的计划、组织、协调和控制等手段，合理地组织各种要素的集成，实现整体最优。

3. 物流管理的目标是在实现成本最低化的同时，确保物流服务质量达到用户满意，这就决定了物流管理的重点在于物流成本和服务的管理。

二、物流管理的内容

对企业而言，物流管理是以企业的物流活动为对象的，目的是以最低的成本向用户提供满意的物流服务。根据企业物流活动的特点，物流管理主要从以下三个层面展开。

1. 物流战略管理

企业物流战略管理就是为实现企业的整体战略目标，在充分分析企业外部宏观环境和内部微观环境的基础上，对企业的物流进行战略规划并组织实施的一个动态管理过程。物流管理的核心问题是使企业的物流活动与环境相适应，实现物流的长期、可持续发展。

2. 物流系统设计与运营管理

物流管理的第二个层面就是物流系统设计与运行管理，介于战略管理与作业管理之间，是实施战略必要的手段和工具。在这个阶段，物流管理的主要任务是设计物流系统和相应的物流网络、规划物流设施、确定物流运作的方式和程序等，从而形成一定的物流能力。

3. 物流作业管理

在物流管理活动中，物流作业管理是最基础层面上的活动，它根据业务需求制订物流作业计划，按照计划要求对物流作业活动进行现场监督和指导，对物流作业的质量进行监控。物流作业管理主要包括运输管理、存储管理、装卸搬运管理、包装管理、流通加工管理、配送管理和物流信息管理等。

三、物流管理的特征

物流管理的特征体现在以下几个方面。

1. 系统化

物流系统是由相互作用、相互依赖、相互制约的物流要素构成的具有特定功能的

有机整体，物流系统中的各个要素形成了物流系统的子系统。物流系统化就是将物流的诸环节有机地结合起来，看作一个大的物流系统，对大的物流系统进行整体设计和管理，可以充分发挥物流的整体效益和总体优势。

2. 信息化

信息技术特别是电子数据交换技术和网络技术的应用，对物流技术的发展产生了深远的影响。物流信息化主要包括物流信息收集的数据库化和代码化、物流信息处理的计算机化和自动化、物流信息传递的标准化和实时化、物流信息存储的数字化、运输网络和营销网络的合理化，以及物流中心管理的电子化等。信息技术使物流功能更加强大，提高了物流系统的经济效益。

3. 网络化

物流网络化以信息化为基础，包含两层含义：一是指物流配送中心与供应商、制造商及下游顾客之间的联系实现计算机网络化；二是指组织的网络化，包括企业内部组织的网络化和企业之间的网络化。物流网络化能够解决一些大规模企业的产品分销问题，帮助企业降低总成本，提高市场竞争力。

4. 自动化

自动化以信息化为基础，利用各种自动化技术使得物资在分类、配送、库存管理、计算等方面实现无人自动化控制，可以极大提高物流作业的效率，减少物流作业的差错。物流自动化的设施有很多，如信息引导系统、自动分拣系统、自动存取系统、自动定位系统、货物自动跟踪系统、条码自动识别系统、语音自动识别系统和射频自动识别系统等。

5. 智能化

智能化是物流自动化、信息化的一种高层次应用，当今社会许多领域都向智能化方向发展，物流业也不例外。物流作业过程中大量的运筹和决策，如入库存水平的确定、运输路径的选择、自动分拣机的运行、物流配送中心经营管理的决策支持等问题都需要依托智能化系统进行解决。

6. 柔性化

柔性化物流是适应生产、流通与消费者需求而发展的一种新型物流模式，要求物流配送中心要根据消费需求多品种、小批量、多批次、短周期的特点，灵活组织和实施物流作业。

7. 标准化

物流标准化是为物流活动制定统一标准并实施的整个过程，主要包括物流基础标准、物流技术标准、物流管理标准和物流服务标准等。物流标准化对于提高物流作业的效率，加快物流流通速度，保证物流质量，减少物流环节，提高物流管理效率，降低物流成本和推动物流技术的发展有重大意义。

8. 社会化

随着市场经济的发展，社会分工日益细化，物流部门从大型生产制造企业中分离出来，成为专门的物流企业。这样不仅可以更加集约化、合理化地发展物流，而且可以提高经济效益和社会效益。

第三节　现代物流业起源与发展趋势

【引导案例】

20 世纪 50 年代，日本从美国引入了物流的概念。进入 20 世纪 70 年代，随着日本经济的飞速发展，消费者的消费意识出现明显变化，消费向多样化和个性化方向发展。市场上出现了多品种、小批量的物流活动。

20 世纪 80 年代，日本企业中物流的地位也发生了变化，由先前单纯的管理工具变为企业决胜的法宝。物流也迎来了高速发展时期。

1991 年泡沫经济破灭，日本经济出现了持续低迷时期。日本政府更加注重物流，把物流问题置于首要位置。

近年，日本经济增速缓慢，国内物价水平也持续下降，一些产品的市场价格有所降低。日本多数企业通过发展现代物流来降低生产成本，扩大利润空间。

日本经济经历了高速发展、低迷等不同阶段，与此对应的物流产业也发生了相应的变化。日本经济的变化是直接影响物流产业及交通运输结构变化的主要原因，产业结构的变化也决定了货物构成、运输手段和物流需求等的变化。物流在不同时段也对社会发展起到了推动作用。那么，经济发展与物流的关系是怎样的？

一、现代物流业的起源与发展历程

物流概念的提出最早可追溯到 20 世纪初。1901 年，格罗威尔在《关于农场产品配送的报告》中，第一次论述了对农产品配送成本产生影响的各种因素，人们开始认识

物流。

1918 年，英国联合利华公司的利费哈姆勋爵成立了“即时送货股份有限公司”，公司的宗旨是在全国范围内把商品及时送达批发商、零售商及用户的手中。这一举动是早期物流活动的典型事例。

1921 年，美国经济学家提出“物流与创造需求是不同的问题”，并提到“物资经过时间或空间的转移，会产生附加价值”。此时的物流指的是销售过程中的物流，是为了配合销售而进行的相关运输与仓储活动。

1935 年，美国销售协会对当时还称为实体配送的物流概念进行了定义，认为“实体配送是指包含于销售之中的物质资料和服务在从生产地点到消费地点流动过程中所伴随的种种经济活动”。这个概念是有关物流最早定义，它将物流看成是销售过程的一个环节，从属于销售，强调了与产品销售有关的输出物流，没有包括输入物流环节。

第二次世界大战后，西方经济进入到大量生产与销售时期，后勤管理的理念和方法开始被引入工业部门和商业部门，被人们称为“工业后勤”和“商业后勤”，实体配送也逐渐被物流取代。

在 20 世纪 50—70 年代，由于物流学者研究的对象主要是与商品销售有关的物流活动，是实物流通过程中的商品实体运动，因此对于物流概念通常采用的是“Physical Distribution”一词，直译为“物资分配”或“实物分布过程”。1963 年，美国物流管理协会对物流管理的定义为“为计划、执行和控制原材料、在制品及制成品从起源地到消费地的有效率的流动而进行的两种或多种活动的集成。这些活动包括顾客服务、需求预测、交通、库存控制、物料搬运、订货处理、废弃物回收、运输、仓储管理”。

1985 年，美国物流管理协会对物流的定义进行了修订，将原定义中的“原材料、在制品及制成品”修改为“货物、服务”，极大地拓展了物流的内涵与外延，既包括生产物流，也包括服务物流。同年，美国物流管理协会将物流定义为“以满足客户需求为目的，对货物、服务以及相关信息从供应地到消费地的高效率、低成本流动和存储而进行的计划、实施和控制的过程”。

随着市场竞争的加剧和企业运营理念的变化，人们对物流的认识进一步深入。1988 年，美国物流管理协会对物流的新定义为“物流是供应链（生产及流通过程中由上游与下游企业共同建立的网链状组织）流程的一部分，是为满足客户需求而对货物、服务及相关信息从原产地到消费地的高效率、高效益的正向和反向流动及存储进行的计划、实施与控制的过程”。这一新定义不仅把物流纳入了企业间相互协作关系的管理范畴，而且要求企业在更广阔的背景下考虑自身的物流运作，不仅要考虑客户的客户，而且要考虑供应商的供应商，不仅要致力于降低某项具体物流作业的成本，而且要考虑整个供应链运作的总成本最低。这个定义反映了随着供应链管理（对供应链涉及的全部活动进行计划、组织、协调与控制）思想的出现，美国物流界对物流的认识更加深入，强调物流是供应链的一部分。

在我国，孙中山先生曾提出“货畅其流”，可以说是物流思想的起源。我国学者开始使用“物流”一词，则始于1979年。1979年6月，我国物资工作者代表团赴日本参加第三届国际物流会议，回国后在考察报道中第一次使用和引用“物流”这一术语。物流作为“实物流通”的简称，既科学合理，又确切易懂。

二、现代物流业的发展趋势

随着经济全球化的发展和科学技术的进步，尤其是信息技术、计算机与网络技术、通信技术的飞速发展，现代社会通过物流、资金流、信息流紧密联系在一起，现代物流业呈现出新的发展趋势。

1. 物流技术高速发展，物流管理水平不断提高

目前物流技术设备已经发展到了相当高的水平，已经形成以信息技术为核心，以运输技术、配送技术、装卸搬运技术、自动化仓储技术、库存控制技术、包装技术等专业技术为支撑的现代化物流设备技术格局，其发展方向表现在以下几个方面：

（1）信息化

信息化表现为采用互联网技术、全球定位系统（GPS）、地理信息系统（GIS）、射频识别技术（RFID）等信息化技术。

（2）自动化

自动化表现为采用自动导引运输车（AGV）、搬运机器人（Robot System）等技术。

（3）智能化

智能化表现在电子识别和电子跟踪技术、智能交通与运输系统（ITS）等。

（4）集成化

集成化表现为集信息化、机械化、自动化和智能化于一体。

2. 专业物流形成规模，共同配送成为主导

生产制造企业为迎合消费者日益精细化、个性化、多样化的需求，采取多样、少量的生产方式，高频度、小批量的配送需求也随之产生。共同配送是一种优化的配送形式，也是美国、日本等发达国家广泛采用的一种先进的物流方式，它对提高物流运

作效率、降低物流成本具有重要的意义。共同配送可以大幅度提高人员、物资、资金和时间等物流资源的使用效率，取得最大的效益，并能够缓解交通压力、保护环境。共同配送是物流配送的总体趋势。

3. 物流企业向集约化、协同化、全球化的方向发展

国内外物流企业向集约化、协同化、全球化方向发展主要表现在两个方面：一是大力建设物流园区，二是物流企业的兼并与合作。

（1）大力建设物流园区

物流园区是多种物流设备和不同类型的物流企业在空间上集中布局的场所，是具有一定规模和综合服务功能的物流集结点。物流园区的建设有利于物流企业的专业化和规模化，便于发挥它们的整体优势和互补优势。

（2）物流企业的兼并与合作

世界上各行业大型企业之间的并购浪潮和网上贸易的货物流动加速向全球化的方向发展。为适应这一趋势的发展，欧美的一些大型物流企业开展了跨国并购，大力拓展国际物流市场，以争取更大的市场份额。新组成的物流联合企业、跨国企业将及时、准确地掌握全球的物流动态信息，调动自己在世界各地的物流网点，构建全球一体化的物流网络，节省时间和费用，将空载率压缩到最低，为客户提供优质物流服务。

4. 电子物流和快递业兴起

基于互联网的电子商务的迅速发展，促进了电子物流的兴起。企业通过互联网加强了企业内部、企业与供应链、企业与消费者、企业与政府部门的联系沟通、相互协调、相互合作。消费者可以直接在网上获取有关产品或服务信息，实现网上购物。这种“直通方式”使企业能够迅速、准确、全面了解客户需求信息，实现基于客户订货的生产模式和物流服务。此外，电子商务可以在线跟踪发出货物，联机实现投递路线规划、物流调度和货品检查。因此电子物流的发展也是未来的大势所趋。电子物流不仅能够使物流活动方便、快捷地进行，而且可以实现高速、安全、可靠、便宜的物流服务。

5. 绿色物流、智慧物流成为新的经济增长点

物流的发展在促进经济发展的同时，也需要消耗大量社会资源。这个问题已经得到许多国家的关注，希望能减少运输工具噪声、排放污染、城市交通堵塞等负面影响。物流企业在绿色运输、绿色仓储、绿色包装、绿色流通加工等方面进行相关部署，对于我国经济社会的可持续发展具有重大意义。

伴随着人工智能、物联网、机器人等技术的发展，物流行业正在进行一场智能化

的变革。近年来，我国出台多项鼓励物流行业向智能化、智慧化发展的政策，并积极鼓励企业进行“互联网+”“物流信息化与数据化”等物流模式的创新。无人机、机器人与自动化、大数据、可穿戴设备、3D 打印、无人卡车和人工智能等新技术在未来将广泛应用于仓储、运输、配送、末端等各物流环节。

第四节　物流职业能力与岗位设置

【引导案例】

据中国物流与采购联合会统计调查测算，2016 年年末，我国物流岗位从业人员数量为5 012万人，比上年增长 0.6%，占全国就业人员总数的 6.5%。2016 年年末物流岗位从业人员数量及增长情况如图 1—2 所示。

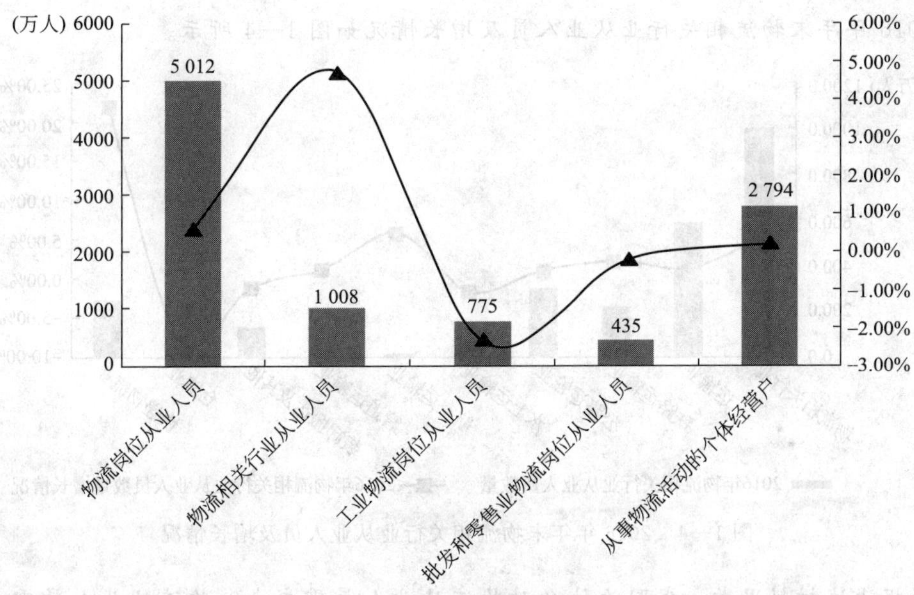

图 1—2　2016 年年末物流岗位从业人员数量及增长情况

从分行业情况看，我国物流专业人才保持较快增长。2016 年年末，我国物流相关行业从业人员数量为1 008万人，比上年增长 4.7%；从事物流活动的个体经营户从业人员为2 794万人，比上年增长 0.2%；工业物流岗位从业人员为 775 万人，比上年下降 1.6%。2016 年年末物流岗位从业人员行业构成如图 1—3 所示。

数据显示：一方面，物流岗位从业人员数量保持较快增长，增速快于国民经济主

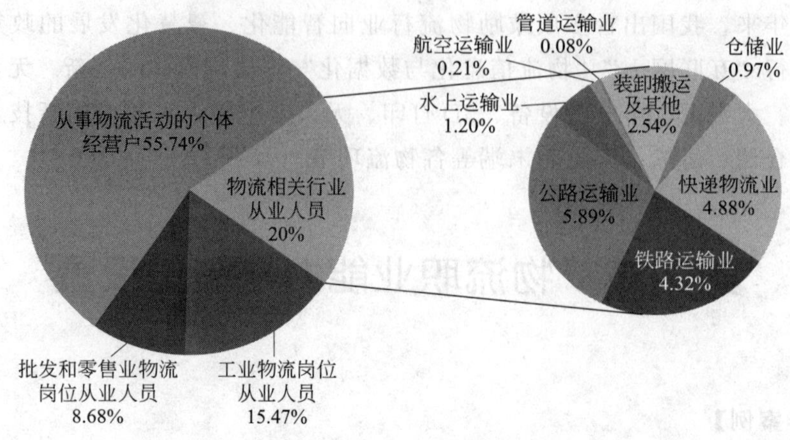

图 1—3 2016 年年末物流岗位从业人员行业构成

要行业，特别是快递及电子商务物流是近年增长最快的行业之一；另一方面，物流行业从业人员规模较大，是服务业中占比最大的行业之一，对国民经济的贡献进一步增大。2016 年年末物流相关行业从业人员及增长情况如图 1—4 所示。

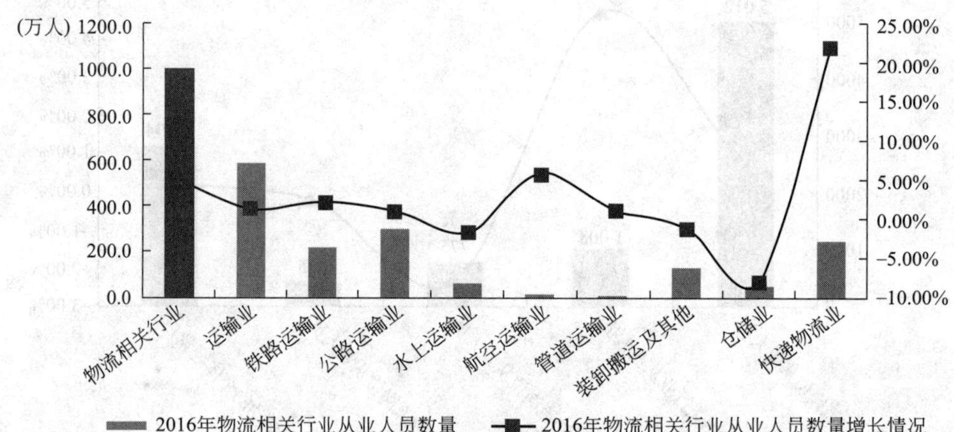

图 1—4 2016 年年末物流相关行业从业人员及增长情况

根据上述材料思考：我国为什么对物流从业人员需求大？物流从业人员需要具备哪些基本能力和素质？

一、物流职业能力

物流职业能力主要包括职业核心能力和物流专业能力。

职业核心能力是人们职业生涯中除岗位专业能力之外的基本能力，它适用于各种职业，能适应岗位的不断变换，是伴随人终身的可持续发展能力。职业核心能力主要包括自我管理能力、合作交流能力、解决问题能力和设计创新能力。自我管理能力包括培养自己的责任心、能够管理自己的时间、所学知识能够灵活运用。合作交流能力包括知道如何尊重他人的观点、能与他人有效沟通、能获取信息并反馈信息。解决问题能力包括能够有效使用信息资源、能够客观分析事物现状、能够发现并解决问题。设计创新能力包括提出有价值的观点、能够使用不同的思维方式、能够制定创新方案并实施。

物流专业能力主要包括仓储作业能力、运输作业能力、配送作业能力、物流信息管理能力、物流市场拓展能力和其他能力。

二、物流企业分类与岗位设置

国家标准《物流术语》(GB/T 18354—2006) 对物流企业的定义是：从事物流基本功能范围内的物流业务设计及系统运作，具有与自身业务相适应的信息管理系统，实行独立核算、独立承担民事责任的经济组织。

我国物流业正处于现代化发展的起步阶段，由于缺少公认的分类标准，很难对物流企业进行分类。本书将根据作业类别介绍物流企业的分类及其岗位设置。

1. 货运代理型物流企业

货运代理型物流企业是指经营海运、空运进出口物品的国际运输代理业务的物流企业，其具体业务包括揽货、订舱、仓储、制单、报关、报检、保险、咨询，以及航空、货运销售代理业务。货运代理型物流企业的主要岗位及职责见表1—1。

表1—1　　货运代理型物流企业的主要岗位及职责

序号	岗位名称	岗位职责
1	操作员	主要负责将客户委托的物品从客户指定的提货地点按照最合理有效的方式运达客户指定的收货地点，并负责办理国际物品运输及相关业务
2	单证员	主要负责单据的填写和审核，是物流行业的基础性岗位
3	报关员	负责保税物品进出口报关，追踪进出口物品的状态，进出货单证制作，海关数据整理报告，客户进出作业沟通联络等工作
4	国际货运代理员	在国际贸易交往中接受货主委托，组织、实施和协调公路、铁路、海路、航空等运输过程，办理有关物品报关、交接、仓储、调拨、检验、包装、转运，以及订车皮、租船、订舱等业务
5	高级外贸跟单员	负责在贸易合同签订后，依据合同和相关单证对物品加工、装运、保险、报检、报关、结汇等部分或全部环节进行跟踪和监控，协助履行贸易合同

续表

序号	岗位名称	岗位职责
6	客户服务人员	公路运输、铁路运输、航空运输、水路运输都需要客户服务人员。从业者需要熟悉客户服务流程，了解客户需求
7	物流专员	物流专员的工作内容主要有参与完成企业领导布置的物流规划工作，根据企业安排完成相应的物流规划，制作相应的评估报告等

2. 运输型物流企业

运输型物流企业是指具有一定数量的运输设备，从事物品快递服务（如门到门运输、门到站运输、站到门运输、站到站运输）、运输代理服务和其他物流服务的物流企业。这类企业还应该具备网络化信息服务功能，应用信息系统可对运输货场进行状态查询和监控。运输型物流企业的主要岗位及职责见表 1—2。

表 1—2　　运输型物流企业的主要岗位及职责

序号	岗位名称	岗位职责
1	调度员	从事车辆调度、人员调度、最优路径选择、车辆或运输工具合理配载等工作
2	物流信息管理员	从事物流企业信息化建设，承担信息技术应用和信息系统开发、维护、管理，以及信息资源开发利用工作
3	物流市场营销员	从事具体营销工作，主要包括市场调查、促销、推销等

3. 仓储型物流企业

仓储型物流企业是指有一定规模的仓储设施、设备，以从事仓储业务为主，为客户提供物品储存、保管、中转等仓储服务的物流企业。这类企业一般自有或租用必要的货运车辆，能为客户提供配送、物品经销、流通加工等服务，具备网络化信息服务功能，应用信息系统可对物品状态进行查询、监控。仓储型物流企业的主要基础岗位及职责见表 1—3。

表 1—3　　仓储型物流企业的主要基础岗位及职责

序号	岗位名称	岗位职责
1	采购员	负责物资的采购、供应；负责采购管理及日常各部门的沟通、协调等相关事宜
2	仓库管理员	负责物品进出仓库的清点、整理；每日出货数量的确认，配送现场问题的处理，回单的跟踪与管理；良品与不良品的在库管理和流水账的制作；仓库库房、设备等的日常管理

续表

序号	岗位名称	岗位职责
3	客户服务人员	能够处理与客户合作中的一些问题；接单并及时建立业务电子档案，清楚记录应收、应付或到付款情况，跟踪订单；整理收发邮件，随时跟踪物品情况，及时向客户反馈并解决难题；维护客户，建立客户服务档案，并对客户进行分类，为企业决策提供数据支持
4	配送员	能够根据客户服务中心分配的订单信息，在规定的时间内完成送货和收款工作；及时报告递送数量及库存情况，按规定及时补货；记录并统计所辖区域内的客户信息和意见，并及时上报
5	收货员	负责订单物品的收货，库存物品、促销赠品的收货，物品的退货处理，各门店之间物品的调拨；设备的进货、调拨及所有非物品物资的收货等；认真验收、清点、核对物品，保障收货、调拨、退货物品数量准确
6	拣货员	按照客户订单从货架上分拣出货品
7	包装员	熟悉包装的相关品质政策和检验标准，能够对成品进行包装

4. 速递型物流企业

速递型物流企业是指主要从事货物、包裹和文件的递送业务的物流企业。这类物流企业的主要基础岗位有营销员、客户服务人员、拣货员、仓库管理员、包装员、行政人员、驾驶员、配送员等。为了突出速度，速递型物流企业对配送员的要求较高：要求从业人员能够根据客户服务中心分配的订单信息，在规定的时间内完成送货和收款工作；及时报告递送数量及库存情况，按规定及时补货；记录并统计所辖区域内的客户信息和意见，并及时上报。

5. 综合服务型物流企业

综合服务型物流企业是指从事多种物流服务业务，可以为客户提供运输、货运代理、仓储、配送等多种物流服务的物流企业。该类企业自有或租用必要的运输设备、仓储设施及设备，具有一定运营范围的物品集散、分拨网络，应用信息系统可对物流服务全过程进行状态查询和监控，可以为客户提供契约性的综合物流服务。

综合服务型物流企业的岗位较多，视企业的业务而定，一般有采购员、仓库管理员、配送员、拣货员、操作员、货运代理员、跟单员、单证员、销售员、报关员、客户服务人员、物流专员、见习生、调度员、驾驶员（含叉车司机）、行政人员、财务人员等。

思考练习题

1. 什么是物流？
2. 物流有哪些分类？
3. 物流有哪些价值表现？
4. 什么是物流管理？简要说明其特征。
5. 物流管理的主要内容是什么？
6. 现代物流业发展的新趋势体现在哪些方面？
7. 物流企业有哪些分类？简要说明你的职业发展规划。

第二章　运输

运输是物流活动的主要组成部分，是物流的核心环节。物流必须依靠运输来实现商品的空间转移，运输已经成为直接影响物流作业效率和经营效益的重要因素。

第一节　运输基本知识

【引导案例】

北京申达货运代理有限公司是一家专门从事货运代理业务的物流企业，业务遍布全国。某技工院校现代物流专业学生小王到该企业实习，部门李经理负责做他的师傅。小王第一天到公司上班，就接到几家大型企业的运输代理订单：棉布20箱，每箱50 kg，运往贵州；衣服100箱，每箱60 kg，运往宁夏；活鱼2 t，运往香港；茶叶120箱，每袋20 kg，运往河北……

面对如此多需要运输的货物，小王有些不知所措，向师傅李经理求教怎样快速处理这些运输订单。

结合上述案例思考：运输方式有哪些？各有何优缺点？如何选择合适的运输方式？

一、运输的概念

国家标准《物流术语》（GB/T 18354—2006）对运输的定义是：用专用运输设备将物品从一个地点向另一地点运送，其中包括集货、分配、搬运、中转、装入、卸下、分散等一系列操作。

运输是人和货物的载运及输送，也就是使用交通工具或者设备将旅客和货物从一个地点送到另一个地点，实现人和货物空间上的转移。物流中的运输专指“物”的载运及输送。它是在不同地域范围之间（如两个国家、两个城市、两个工厂之间，或者在一个大企业内相距较远的两车间之间）以改变“物”的空间位置为目的的活动，对

“物”进行空间位移。

【知识链接】

运输、搬运、配送

运输和搬运的区别在于，运输是在较大范围内的活动，搬运是在同一地域内（较小范围内）的活动。

运输和配送的区别则在于，配送专指分拣配货然后运输，是短距离、小批量的运输，是“送”与“配”共同构成的活动。

二、运输方式的分类及选择

按运输设备及运输工具不同，运输方式主要有公路运输、铁路运输、水路运输、航空运输和管道运输等。

每种运输方式都有自己的特点，不同货物对运输的要求也不一样，因此，要提高运输效益，就要合理选择运输方式。选择运输方式时，主要应考虑速度和费用两个基本要素，速度快，往往费用高。因此，具体进行选择时应从运输需要的不同角度进行综合考虑。

1. 公路运输

公路运输是指使用机动车辆在公路上运送货物。公路运输的优点是：机动灵活，货物损耗少，运送速度快，可以实现门到门运输；投资少，修建公路的材料和技术比较容易解决，易在全社会广泛发展。

公路运输的缺点是：运输能力小，运输成本高，劳动生产率低，此外，由于汽车体积小，无法运送大件货物，不适宜运输大宗和超长货物，而且公路建设占地多，随着人口的增长，矛盾将表现得更为突出。

因此，公路运输比较适宜在内陆地区运输短途旅客、货物，可以与铁路、水路联运，为铁路、港口集中或疏散旅客和货物，可以深入山区及偏僻的农村进行旅客和货物运输，可以在远离铁路的区域从事干线运输，可以实现“门到门”的运输。

2. 铁路运输

铁路运输是指使用铁路列车运送货物。从技术性能上看，铁路运输的优点有：运行速度快，时速一般在 80～120 km，高速铁路的列车时速可达 300 km 以上；运输能力大，一列货车可装货物 2 000～3 500 t，重载列车可装货物20 000 t；运输过程受自然条件限制较小，连续性强，能保证全年运行；到发时间准确性较高，运行比较平稳，安全可靠；平均运距为公路运输的 25 倍，为管道运输的 1.15 倍，但不足水路运输的一半，不到民航运输的 1/3。

铁路运输的缺点是：投资高，建设周期长，而且占地多。

因此，综合考虑，铁路适合在内陆地区运送中长距离、大运量、时间性强、可靠性要求高的一般货物和特种货物。从投资效果看，在运输量比较大的地区之间建设铁路比较合理。

3. 水路运输

水路运输是指使用船舶在内河或者海洋运送货物。从技术性能看，水路运输的优点有：在五种运输方式中，水路运输能力最大，在长江干线，一支拖驳或顶推驳船队的载运能力已超过万吨，国外最大的顶推驳船队的载运能力达三四万吨，世界上最大的油船载运能力已超过 50 万吨；在运输条件良好的航道，通过能力几乎不受限制；水路可运送各种货物，尤其是大件货物。

水路运输的主要缺点是：受自然条件影响较大，内河航道和某些港口受季节影响较大，冬季结冰，枯水期水位变低，难以保证全年通航；运送速度慢，在途中的货物多，会增加流动资金占有量。

总之，水路运输综合优势较为突出，适用于运距长、运量大、时间性要求不太高的各种大宗货物运输。

4. 航空运输

航空运输是指使用飞机等航空器进行运输。航空运输的优点是：运行速度快，一般时速为 800～900 km，大大缩短了两地之间的耗时；机动性能好，几乎可以飞越各种天然障碍，到达其他运输方式难以到达的地方。

航空运输的缺点是：航空器造价高、能耗大、运输能力小、成本很高、技术复杂，只适合运输体积小、价值高的货物，以及鲜活产品和邮件等。

5. 管道运输

管道运输是指使用管道运送气体、液体和粉状固体货物，其运输形式是靠压力推动物体在管道内移动来实现的。管道运输是随着石油和天然气产量的增长而发展起来的，目前已成为陆上油、气运输的主要方式，近年来，输送固体物料的管道（如输煤、输精矿管道）也有很大发展。

管道运输的优点是：运输量大，一条直径 720 mm 的输煤管道一年即可输送煤炭 2 000万吨，几乎相当于一条单线铁路的单方向输送能力；运输工程量小，占地少，管道运输只需要铺设管线，修建泵站，土石方工程量比修建铁路小得多，而且在平原地区大多埋在地下，不占农田；能耗小，在各种运输方式中是最低的；安全可靠，无污染，成本低；不受气候影响，可以全天候运输，送达货物的可靠性高；管道可以走捷

径，运输距离短；可以实现封闭运输，损耗少。

管道运输的缺点是：专用性强，只能运输石油、天然气及固体料浆（如煤炭等）；管道起输量与最高运输量间的幅度小，因此，在油田开发初期，采用管道运输困难时，还要以公路运输、铁路运输、水路运输作为过渡。

三、主要运输方式作业流程

1. 公路运输作业流程

公路运输作业流程一般包括接单、登记、调用安排、车队交接、提货发运、在途追踪、到达签收、回单和运输结算等环节，如图 2—1 所示。

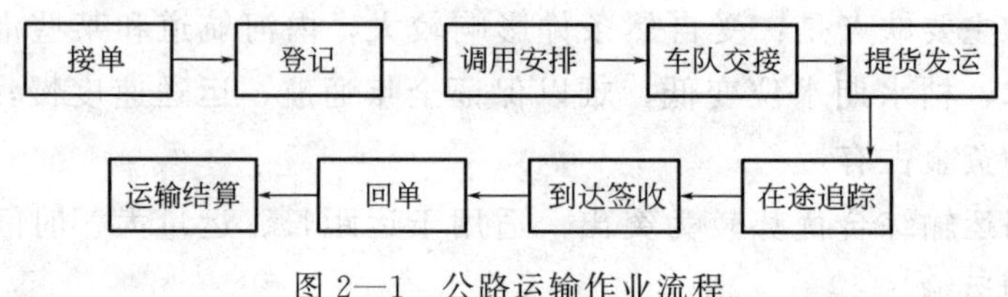

图 2—1　公路运输作业流程

（1）接单

运输主管人员从客户处接到运输发送计划。运输调度人员从客户处接出库提货单证，并且核对单证。

（2）登记

运输调度人员在登记表上按不同送货目的地和收货客户标定提货号码。驾驶员（指定人员及车辆）到运输调度部门取提货单，并签字确认。

（3）调用安排

运输调度人员填写运输在途、送到情况，追踪反馈表，进行计算机输单。

（4）车队交接

运输调度人员根据送货方向，以及货物重量和体积统筹安排车辆。

（5）提货发运

驾驶员按时到达客户提货仓库，检查车辆情况，办理提货手续，盖好车棚，锁好箱门，办好出厂手续，电话通知收货客户预计送达时间。

（6）在途追踪

建立收货客户档案，驾驶员及时反馈途中信息，与收货客户电话联系送货情况，填写跟踪记录，有异常情况及时与客户联系。

（7）到达签收

驾驶员按时准确到达指定卸货地点，交接货物，客户签收，保证运输产品的数量和质量与客户出库单一致。

(8) 回单

电话或传真确认到达时间，驾驶员将回单返回，签收运输单，定期将回单送至客户处。

(9) 运输结算

整理收费票据，制作收费汇总表交至客户，确认后交回结算中心，结算中心开具发票，向客户收取运费。

2. 铁路运输作业流程

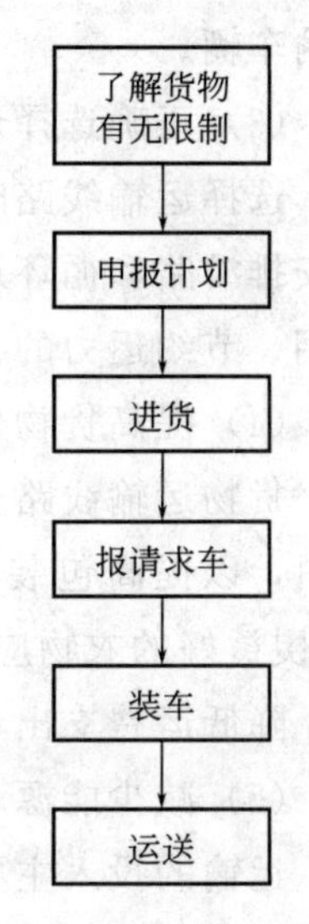

图 2—2 铁路运输作业流程

铁路运输作业流程如图 2—2 所示。

第一步：了解该站的性质，对所要托运的货物有无限制。

第二步：申报计划。申报计划有两种形式，一是月计划，二是日常计划。

第三步：进货。计划得到批准后，可以向车站提出进货要求，并申请货位，得到允许后即可进货。

第四步：报请求车。货物准备齐后，按批准的月计划和日常计划，每节车皮要提交一份填写好的货物运单，申报日请求车。

第五步：装车。空车皮运到装车地点后，车站即应迅速组织装车。由托运人组织装车的，托运人也应及时组织，保证快速、安全装车。

第六步：运送。货物装好以后，铁路运输部门及时联系挂车，使货物尽快运抵到站。

四、运输合理化

1. 运输合理化的概念

运输合理化是指从物流系统的总体目标出发，按照货物流通规律，运用系统工程原理和方法，合理利用各种运输方式，选择合理的运输路线和运输工具，以最短的路径、最少的环节、最快的速度和最少的劳动消耗组织好货物的运输与配送。

2. 运输合理化措施

影响物流运输合理化的因素很多，起决定作用的有五个方面，称作合理运输的“五要素”，即运输距离、运输环节、运输工具、运输时间和运输费用。物流运输合理

化的有效措施主要有以下五个方面：

（1）合理选择运输方式

选择运输方式时，要考虑运输成本的高低和运行速度的快慢，甚至还要考虑货物的性质、数量和运距，以及货主需要的缓急和风险程度。

（2）合理选择运输工具

根据不同货物的性质、数量及对温度、湿度的要求选择不同类型和额定载重量的运输车辆。

（3）正确选择运输线路

选择运输线路时，一般应尽量安排直达、快速运输，尽可能缩短运输时间，否则可安排沿路和循环运输，以提高车辆的容积利用率和里程利用率，从而达到节省运输费用、节约运力的目的。

（4）提高货物包装质量，改进配送中的包装方法

货物运输线路长短、装卸次数多少都会影响货物的包装，所以，应合理选择包装物料，以提高包装质量。另外，有些货物的运输线路较短，且要采取特殊放置方法（如熨烫好的衣物应悬挂），则应改变相应的包装方法。货物包装的改进对减少货物损失、降低运费支出和货物成本有明显的效果。

（5）减少能源动力投入，增加运输能力

运输的投入主要是能耗和基础设施的建设，在运输设施固定的情况下，应尽量减少能源动力投入。这样能大大节约运费，降低单位货物的运输成本，从而达到运输合理化的目的。例如，在铁路运输中，机车能力允许的情况下，多加挂车皮；在公路运输中，实行汽车挂车运输，以增加运输能力等。

五、智能运输系统

智能运输系统（Intelligent Transportation System，简称“ITS”）是将先进的信息技术、通信技术、传感技术、控制技术和计算机技术等有效地集成运用于整个交通运输管理体系而建立起的一种在大范围内全方位发挥作用的，实时、准确、高效的综合运输和管理系统。

1. 智能交通系统的应用范围

智能交通系统的应用范围很广，包括机场和车站的客流疏导系统、城市交通智能调度系统、高速公路智能调度系统、运营车辆调度管理系统和机动车自动控制系统等。它通过人、车、路的和谐、密切配合提高交通运输效率，缓解交通阻塞，提高路网通过能力，减少交通事故，降低能源消耗，减轻环境污染。

2. 智能交通系统的组成

（1）交通信息采集系统

交通信息采集系统包括人工输入、GPS 车载导航仪器、GPS 导航手机、车辆通行电子信息卡、摄像机、红外雷达检测器、线圈检测器、光学检测仪等。

（2）信息处理分析系统

信息处理分析系统包括信息服务器、专家系统、GIS 应用系统、人工决策等。

（3）信息发布系统

信息发布系统包括互联网、手机、车载终端、广播、路侧广播、电子情报板、电话服务台等。

3. 智能运输系统在运输中的应用

物流运输配送使用智能运输系统，可以对货运车辆实现随时随地追踪，将静态路线规划改为动态线路规划，依靠物联网提供的各项数据，不同的运输企业实现运力共享，合理利用空闲运力，使运力使用最大化，避免浪费。

亚马逊公司是最早使用智能运输系统的电子商务企业，在业内率先使用了大数据、人工智能和云技术进行仓储、运输管理。创新地推出预测性调拨、跨区域配送、跨国境配送等服务，不断给全球电子商务和物流行业带来惊喜。

【知识链接】

无人重型卡车

中国某电子商务企业自主研发的首款 L4 级别无人重型卡车长 9 m、高 3.5 m、宽 2.5 m，车厢长度约为 14 m。通过车顶和车身搭载的多个激光雷达和摄像头等多传感器融合，无人重型卡车可以实现远距离范围内的物体检测、跟踪和距离估算，自动判断并做出驾驶行为。

无人重型卡车采用视觉定位和高精地图结合，现有方案已经实现车辆的厘米级定位，可以自动完成高速行驶、自动转弯、自动避障绕行、紧急制动等绝大部分有人驾驶功能。

无人重型卡车主要应用于改变未来长途运输形态，解决干线物流存在的耗时长、人工多、安全性低等问题，让干线物流具备更高的安全性和便捷性。

第二节　国际多式联运

【引导案例】

实习生小王到北京申达货运代理有限公司实习已经有一段时间了，这天他所在

的业务部接到一单业务：发货人将装载有服装的6个集装箱委托给北京申达货运代理有限公司，由北京通过铁路托运到天津装船去旧金山，集装箱在旧金山卸船后再通过铁路运抵最终交货地美国丹佛。该批出口服装由北京申达货运代理有限公司出具全程提单，提单记载：装货港天津，卸货港旧金山，交货地丹佛，运输条款为CY-CY。该提单同时记载"由货主装载、计数"的批注。集装箱在天津装船后，船公司又签发了以北京申达货运代理公司为托运人的海运提单，提单记载：装货港天津，卸货港旧金山，运输条款为CY-CY。李经理对小王说，这是一个典型的国际多式联运业务。

思考：什么是国际多式联运？该业务中采用了哪些运输方式？谁负责全程运输？

一、国际多式联运的含义及组织形式

1. 多式联运

多式联运是指由两种及两种以上的交通工具相互衔接、转运而共同完成的运输形式。国家标准《物流术语》（GB/T 18354—2006）对多式联运的定义是：联运经营者受托运人、收货人或旅客的委托，为委托人实现两种或两种以上运输方式的全程运输，以及提供相关运输物流辅助服务的活动。

多式联运是在集装箱运输的基础上发展起来的，这种运输方式并没有新的通道和工具，而是将各种单一运输方式有机地结合起来，打破了各个运输区域的界限，是现代化的组织手段在运输业中运用的结果。

2. 国际多式联运

国家标准《物流术语》（GB/T 18354—2006）对国际多式联运的定义是：按照多式联运合同，以至少两种不同的运输方式，由多式联运经营人将货物从一国境内的接管地点运至另一国境内指定交付地点的货物运输方式。

国际多式联运的特征是：接收的货物是异国货物，至少采用两种不同运输方式，发货人和多式联运人订立一份多式联运合同，订立合同的多式联运人对货物全程运输负责，使用一套全程多式联运单据，全程运输使用单一运费率。

3. 国际多式联运的组织形式

（1）海陆联运

海陆联运是国际多式联运的主要组织形式，分为船舶与汽车联运和船舶与火车联运。海陆联运是远东—欧洲多式联运的主要组织形式之一。

目前组织和经营远东—欧洲海陆联运业务的主要有班轮公会的三联集团、北荷、冠航和丹麦的马士基等国际航运企业，以及非班轮公会的中国远洋运输公司和德国那亚航运公司等。这种组织形式以航运企业为主体，签发联运提单，与航线两端的内陆运输部门开展联运业务。

（2）大陆桥运输

国家标准《物流术语》（GB/T 18354—2006）对大陆桥运输的定义是：用横贯大陆的铁路或公路作为中间桥梁，将大陆两端的海洋运输连接起来的连贯运输方式。

在国际多式联运中，大陆桥运输起着非常重要的作用，它是远东—欧洲国际多式联运的主要形式。严格地讲，大陆桥运输也是一种海陆联运形式，只是因为其在国际多式联运中的独特地位，故在此将其单独作为一种运输组织形式。

（3）海空联运

海空联运又称为空桥运输。在运输组织方式上，空桥运输与大陆桥运输有所不同：大陆桥运输在整个货运过程中使用的是同一个集装箱，不用换装，而空桥运输的货物通常要在航空港换入航空集装箱。不过，两者的目标是一致的，即以低费率提供快捷、可靠的运输服务。

海空联运方式始于20世纪60年代，但到20世纪80年代才有了较大的发展。20世纪60年代，将远东船运至美国西海岸的货物通过航空运至美国内陆地区或美国东海岸，从而出现了海空联运。采用这种运输方式，运输时间比全程海运少，运输费用比全程空运便宜。这种联运组织形式以海运为主，只是最终交货运输区段由空运承担。

【知识链接】

我国的国际多式联运路线

我国已开展的国际多式联运路线主要有以下几条：我国内地—我国港口—日本港口—日本内地（或反向运输）、我国内地—我国港口（包括香港）—美国港口—美国内地（或反向运输）、我国港口—肯尼亚港口—乌干达内地、我国内地—我国港口（包括香港）—欧洲有关港口—西欧内地（或反向运输）、我国东北地区—图们—朝鲜清津港—日本港口（或反向运输）、我国内地—我国港口—科威特—伊拉克、我国港口—日本港口—澳大利亚港口—澳大利亚内地。

二、国际多式联运的分类

根据不同的原则，国际多式联运可以有多种分类形式，但就其组织方式和体制来说，基本上可分为协作式多式联运和衔接式多式联运两大类。

1. 协作式多式联运

协作式多式联运是指具有两种或两种以上运输方式的运输企业，按照统一的规章或商定的协议，共同将货物从接管货物的地点运到指定交付货物的地点的运输方式。协作式多式联运流程如图 2—3 所示。

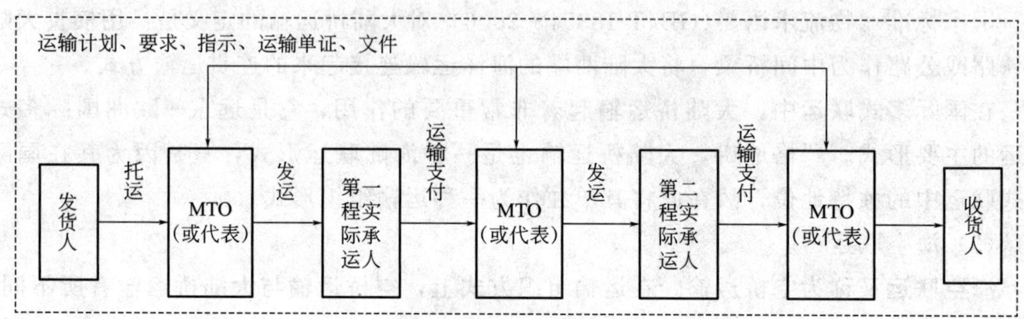

图 2—3　协作式多式联运流程

协作式多式联运是目前国内货物联运的基本形式。在协作式多式联运中，参与联运的承运人均可受理托运人的托运申请，接收货物，签署全程运输单据，并负责自己区段的运输生产；后续承运人除负责自己区段的运输生产外，还需要承担运输衔接工作；而最后承运人则需要承担货物交付以及受理收货人关于货损货差的索赔。在这种体制下，参与联运的每个承运人均具有双重身份。对外而言，他们是共同承运人，其中一个承运人（或代表所有承运人的联运机构）与发货人订立的运输合同对其他承运人均有约束力，即视为每个承运人均与货方存在运输合同关系；对内而言，每个承运人不但有义务完成自己区段的实际运输和有关的货运组织工作，还应根据规章或约定协议承担风险、分配利益。

2. 衔接式多式联运

衔接式多式联运是指由一个多式联运企业（以下称“多式联运经营人”或“MTO”）综合组织具有两种或两种以上运输方式的运输企业，将货物从接管货物的地点运到指定交付货物的地点的运输方式。在实践中，多式联运经营人既可能由不拥有任何运输工具的国际货运代理人、场站经营人、仓储经营人担任，也可能由某一区段的实际承运人担任。但无论如何，多式联运经营人都必须持有国家有关主管部门核准的许可证书，能独立承担责任。衔接式多式联运流程如图 2—4 所示。

在衔接式多式联运中，运输组织工作与实际运输生产实现了分离，多式联运经营人负责全程运输组织工作，各区段的实际承运人负责实际运输生产。在这种体制下，

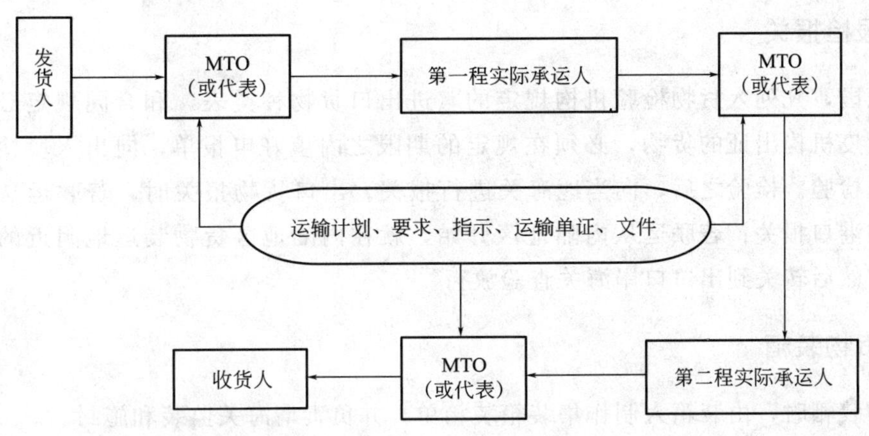

图 2—4　衔接式多式联运流程

多式联运经营人也具有双重身份。对于货方而言，他是全程承运人，与货方订立全程运输合同，向货方收取全程运费及其他费用，并承担承运人的义务；对于各区段实际承运人而言，他是托运人，他与各区段实际承运人订立分运合同，向实际承运人支付运费及其他必要的费用。很明显，这种运输组织与运输生产相互分离的形式，符合分工专业化的原则，由多式联运经营人“一手托两家”，不但方便了货主和实际承运人，也有利于运输的衔接工作，因此，它是联运的主要形式。在国内联运中，衔接式多式联运通常称为联合运输，多式联运经营人则称为联运企业。

三、国际多式联运的主要作业流程

国际多式联运的主要作业流程有以下环节：接受托运—提取空箱—报检报关—货物装箱—办理保险—货物运送—签发单据—中转、过境—货物交付。

1. 接受托运

多式联运经营人审核委托单，并填写运输工具的名称、联运单号、船舶航次或其他运输工具的车次、航班等，留下承运人或其代理人的留底联和运费通知联，将其余各联退回，交发货人或代理人。

2. 提取空箱

提取空箱前，必须先缮制集装箱出场设备交接单。在提取空箱时，必须向箱站提交空箱提交单，并在箱站检查桥或门口由双方代表在集装箱出场设备交接单上签字，办理交接手续，且各执一份。

3. 报检报关

在我国，凡列入货物检验机构规定的《进出口货物种类表》和合同规定必须由货物检验检疫机构出证的货物，必须在规定的期限之内填好申报单，向出入境检验检疫机构申报检验。检验之后，向当地海关进行报关。出口货物报关时，若联运从港口开始，则在港口报关；若联运从内陆地区开始，就在内陆地区货物装运地附近的海关办理报关，然后转关到出口口岸海关查验放行。

4. 货物装箱

货物装箱时，由装箱人制作集装箱装箱单，并负责请海关监装和施封。

5. 办理保险

在国际多式联运业务中，发货人投保货物运输险，多式联运经营人投保货物责任险，集装箱所有人投保集装箱险。

6. 货物运送

多式联运经营人接收货物后，应根据多式联运路线及其与区段承运人签订的分区段运输合同交第一程运输的承运人，并及时通知中转或过境站的分支机构或其代理人。

7. 签发单据

多式联运经营人或其代理人接收货物后，在场站收据上签章，发货人或其代理人持由多式联运经营人签章的场站收据到多式联运经营人或其分支机构或代理人处换取多式联运全程运输单据。

8. 中转、过境

多式联运在中转站进行不同运输方式的中转，具体由多式联运经营人分支机构或其代理人组织，也可由各区段的实际承运人代为办理。

在过境国或进口国办理货物运输及集装箱过境或进口手续，过境国或进口国国内运输一般是在海关监管下的保税运输，直至到达目的地。

9. 货物交付

收货人或其代理人需按多式联运合同付清收货人应付的全部费用，凭多式联运单据换取交货记录或提货单，凭此单到进口国海关办理进口结关手续，由提货人凭其通关后盖有海关放行章的有关证明到指定堆场或货运站提取货物。

思考练习题

1. 什么是运输？运输和搬运有何区别？

2. 画出铁路运输作业流程。

3. 什么是合理运输的“五要素”？

4. 什么是国际多式联运？国际多式联运的特征有哪些？

5. 列举亚洲、欧洲、北美洲的主要多式联运港口，每大洲至少 5 个，包括港口名称和所在国家名称。

第三章 仓储管理

仓储管理是对仓库及仓库内的物资所进行的管理，是仓储机构为了充分利用所具有的仓储资源提供高效的仓储服务所进行的计划、组织、控制和协调过程，其内涵随着仓储管理在社会经济领域中作用的不断扩大而变化。仓储活动能够促进企业提高客户服务水平，增强企业的竞争能力。现代仓储管理已从静态管理转变为动态管理，其实质也发生了根本性的变化。

第一节 仓储作业

【引导案例】

某公司是所在行业的标杆企业，也是纳税大户，销售产值和利润不断增长，而该公司的仓库却有些跟不上发展节奏，时常被客户投诉，成为制约企业发展的重要因素。

新来的物料总监经过调查，发现仓库存在如下问题：供应商的原材料无法及时卸车入库；入库的原材料未能在规定时间录入系统并按时派送给生产部门；生产的成品无法及时入库，致使客户提货车辆在仓库外大量积压。所有这一切问题都是因为仓库存储空间和作业效率无法满足现有规模的需求所导致的。通过分析发现，仓库的平面空间基本得到充分利用，而垂直空间利用不多，因此通过增加高层货架可以增加存储空间，以存放更多的货物。同时，调整库位分配原则，针对不同性质的货物采取定位储存和定点定量储存相结合的原则，并将存储时间大于一年的货物移出，暂存于外部租赁仓库，这样就增加了货位数量，空间利用率大幅增加。

同时，物料总监还通过升级仓库系统、完善条码技术、增加PAD和扫描枪来提高员工作业效率，使原材料入库到成品出库整个流程最大限度实现自动化，各流程作业错误率也因此大大降低。事实证明，这些有效的管理措施使该公司仓库在短时间内消除了大部分的问题，并为公司的进一步发展奠定了基础。

针对上述案例思考：哪些改进措施可以加快仓库运转？

一、仓储的概念与功能

自从人类社会有剩余产品，仓储就产生了，并随着经济的发展而不断发展变化。仓储就是利用仓库储藏，也就是通过仓库对货物进行储存和保管。国家标准《物流术语》（GB/T 18354—2006）对仓储的定义是：利用仓库及相关设施设备进行货物的入库、存贮、出库的活动。

仓储是对货物进行保存并对其数量、质量进行管理控制的活动，是物流过程中的重要环节，在物流系统中起着缓冲、调节和平衡的作用。仓储是保证物流过程正常运转的基础环节之一，它的价值主要体现为三个方面的功能：

1. 基本功能

为了满足市场的基本储存需求，仓库所具有的基本操作或行为包括储存、保管、拼装、分类等基础作业。其中，储存和保管是仓储的基本功能，通过基础作业，货物能得到有效的、符合市场和客户需求的仓储处理。

2. 增值功能

在仓储基本功能的基础上，根据客户需求提供的各种延伸业务的定制化活动，也是现代仓库与传统仓库的重要区别之一，是现代物流发展的结晶，使仓储作业由单一的保值功能发展为保值、增值等多元化功能，从而大大提高仓储的直接效益。仓储的增值功能主要包括流通加工、配送、配载、交易中介等。

3. 社会功能

仓储的社会功能主要体现在三个方面：一为时间调整功能，二为价格调整功能，三为衔接商品流通功能。通过仓储可以防范突发事件，保证商品顺利流通。

物流系统的整体目标是以最低成本提供令客户满意的服务，而仓储系统在其中发挥着重要的作用。因此，仓储活动能够促进企业提高客户服务水平，增强竞争力。

随着我国制造业的崛起，物流业得到了迅猛的发展，仓储越来越受到企业和社会的广泛关注，大大促进了人们对仓储理论的研究，使其逐步发展完善，从而成为一门独立的学科。目前我国的仓储业正向着社会化、自动化、标准化、信息化及现代化的方向发展。

二、仓储管理的概念和内容

仓储是物流各环节之间存在不均衡性的表现，仓储也正是解决这种不均衡性的手

段。仓储环节集中了上、下游流程整合的所有矛盾，因此仓储管理就应运而生。仓储管理可以实现物流流程的整合，物流的整合或优化实际上都可以归结为仓储方案的设计与运行控制。

1. 仓储管理的概念

仓储管理是指对各类货物的进、销、存等仓储业务和作业进行计划、监督、控制与核算等活动的统称。

仓储管理是现代物流管理的重要内容之一，搞好仓储管理就是通过科学的仓储管理和库存控制，确保货物质量完好、数量准确，提高服务质量，加快库存周转，提高仓库利用率，降低物流成本。以增值的生产性活动满足生产和消费的需要，是仓储管理作为社会再生产过程的中间环节这一作用的集中体现。

从广义上看，仓储管理除了以货物入库验收、储存保管和出库供应为主外，还包括装卸、包装、分拣、配送、整理、后续加工等一系列活动的管理。

2. 仓储管理的原则

仓储管理应遵循质量原则、效率原则、效益原则、安全原则和服务原则。

3. 仓储管理的基本内容

仓储管理是服务于一切库存货物的经济技术方法和活动，主要包括以下九个方面的内容，以下内容联系在一起，便于对仓储管理进行全面、概括的理解，见表3—1。

表3—1　　仓储管理的内容、任务和意义

内　容	任　务	意　义
仓储的规划与组织	构建仓储体系、仓储系统的布局与规划、仓库的选址与建设等，利用市场经济手段使仓储资源的配置最大化	影响到仓库的服务水平和综合成本，必须提到战略层面来处理
仓储设施设备的选择与配置	根据各类仓库的作业特点和储存物资的种类及特性，合理选择和配置合适数量的机械装备，并对其进行管理	提高仓库的作业效率，减轻作业强度，减少作业时间，降低运作成本
仓库的业务管理	包括入库作业、保管养护作业、出库作业的组织工作等，保证企业与客户获得及时、准确、合格的货物	仓储管理最基本的内容，促使仓库运作高效、顺畅，成本也更低
仓库的库存控制	根据市场与企业的需求，采用合理的采购方式，储存数量合适的货物	保证企业的生产活动不因缺货而中断并造成损失，又不至于因储存过多货物而占用过多流动资金

续表

内　容	任　务	意　义
仓储经营管理	运用先进的管理方式和科学的管理方法对企业的经营活动进行计划、组织、指挥、协调和控制	获得最大的经营效益是企业的主要目标
仓库安全与特殊货物管理	仓库安全消防管理、特殊货物管理等	防火、防灾、防盗，确保仓库与货物的安全
仓储管理信息技术	仓库管理信息系统、条形码技术、射频识别技术、电子数据交换技术、EOS与POS技术等	信息更准确、更快捷，能提高仓库作业效率，减少差错
人力资源管理	仓储人员的招聘与后期培训，建立健全的岗位职责体系	仓库的软实力和无形资产，仓库一切活动的源泉所在
仓储成本核算与绩效分析	仓储成本分析、仓储绩效评价量化指标体系和仓库绩效考核指标的分析等	衡量仓储管理水平的尺度，考核仓储各方面工作的重要手段

4. 现代仓储管理与传统仓储管理的区别

传统的仓储管理以管好库存货物为目标，是静态的管理活动。现代仓储管理作为物流管理的重要组成部分，是以对客户需求的快速反应、低成本和高质量的服务为宗旨，是动态的管理活动。现代仓储管理与传统仓储管理相比，在管理范围、理念和手段上发生了巨大的变化，见表3—2。

表3—2　　现代仓储管理与传统仓储管理的区别

管理模式	传统仓储业	现代仓储业
管理理念	确保货物数量准确，质量完好	满足客户的个性化需求
管理对象	仓库	货物
管理手段	垛卡、表单等手工操作	标准化的程序运作和智能化的管理系统
管理范围	入库验收、保管保养和出库供应	订单处理、货物交接、入库验收、保管保养、流通加工、包装、出库与配送等
管理方法	粗放	规范、精细、个性
服务对象	单一企业	供应链
服务功能	单一的储存保管	系列化的增值服务
经营业态	简单、雷同	多元化、细分
目标	账、卡、物三相符	低成本运作和对客户需求的快速反应

三、仓库的分类

在物流活动中，不同的仓储业务需要采用不同的仓库，仓储业务的分类在某种程度上反映为仓库的分类。仓库狭义上是指用于保管货物的建筑物，广义上是指用于保管货物的设施。一个国家、一个地区、一个企业的物流系统中需要有各种各样的仓库，它们的结构形态各异，服务范围和对象也有着较大的差别。仓库按不同的标准可进行不同的分类，一个企业或部门可以根据自身的条件选择建设或租用不同类型的仓库。

1. 按使用范围分类

仓库按适用范围不同，可分为自用仓库、营业仓库、公用仓库、出口监管仓库和保税仓库等，见表 3—3。

表 3—3　　仓库按使用范围分类

仓库类别	含　义
自用仓库	生产或流通企业为本企业经营需要而修建的附属仓库，完全用于储存本企业的原材料、燃料、产成品等货物
营业仓库	一些企业专门为了经营储运业务而修建的仓库
公用仓库	由国家或某个主管部门修建的为社会服务的仓库，如机场、港口、铁路的货场、库房等仓库
出口监管仓库	经海关批准，在海关监管下存放已按规定领取了出口货物许可证或批件，已对外买断结汇并向海关办完全部出口海关手续的货物的专用仓库
保税仓库	经海关批准，在海关监管下专供存放未办理关税手续而入境或过境货物的仓库

2. 按保管条件分类

按保管条件不同，仓库可分为普通仓库，保温、冷藏、恒湿、恒温仓库，特种仓库，气调仓库和高精密仪器仓库等，见表 3—4。

表 3—4　　仓库按保管条件分类

仓库类别	功　能
普通仓库	用于存放无特殊保管要求的货物的仓库
保温、冷藏、恒湿、恒温仓库	用于存放要求保温、冷藏或恒湿、恒温的货物的仓库
特种仓库	用于存放易燃、易爆、有毒、有腐蚀性或有辐射性的货物的仓库

续表

仓库类别	功　能
气调仓库	用于存放要求控制库内氧气和二氧化碳浓度的货物的仓库
高精密仪器仓库	用于存放高级精密仪器、仪表的仓库，库房内有防尘、防震、防潮设备和恒温装置

3. 按保管货物的特性分类

按保管货物的特性不同，仓库可分为通用仓库、专用仓库、特种仓库、冷冻仓库和化学危险品仓库等，见表3—5。

表3—5　仓库按保管货物的特性分类

仓库名称	含　义
通用仓库	用于储存一般没有特殊保管要求的货物，适用范围较广，所占比重最大
专用仓库	用于储存某一类货物，或是某类货物数量较多，或是由于货物本身的特殊性质要求使用专用仓库储存
特种仓库	用于储存具有特殊性能或要求特别保管条件的货物，如危险品、石油、冷藏货物等
冷冻仓库	可以人为调节温度和湿度，用来加工和保管食品、工业原料、生物制品及医药品
化学危险品仓库	用于存放化学工业原料、化学药品、农药及医药品等，库房内有防尘、防震、防潮设备和恒温装置

4. 按建筑结构分类

按建筑结构不同，仓库可分为封闭仓库、半封闭仓库和露天仓库等。

(1) 封闭仓库

这种仓库俗称“库房”，该结构的仓库封闭性强，便于对库存物进行维护保养，适宜存放保管条件要求比较高的货物，如图3—1所示。

图3—1　封闭仓库

(2) 半封闭仓库

这种仓库俗称“货棚”，其保管条件不如库房，但出、入库作业比较方便，且建造成本较低，适宜存放那些对温、湿度要求不高且出、入库频繁的货物，如图3—2所示。

(3) 露天仓库

这种仓库俗称“货场”，其最大优点是装卸作业极其方便，适宜存放大型货物，如图3—3所示。

图 3—2 半封闭仓库

图 3—3 露天仓库

5. 按建筑类型分类

按建筑类型不同，仓库可分为平房仓库、楼房仓库、高层货架仓库、罐式仓库和简易仓库。

（1）平房仓库

平房仓库的构造比较简单，建筑费用便宜，人工操作比较方便，如图 3—4 所示。

（2）楼房仓库

楼房仓库是指两层楼以上的仓库，它可以减少土地占用面积，出、入库作业可采用机械化和自动化操作，如图 3—5 所示。

图 3—4 平房仓库

图 3—5 楼房仓库

（3）高层货架仓库

在作业方面，高层货架仓库主要使用电子计算机控制，能实现机械化和自动化操作，如图 3—6 所示。

（4）罐式仓库

罐式仓库的构造特殊，呈球形或柱形，主要是用来储存石油、天然气和液态化工品等，如图 3—7 所示。

图 3—6　高层货架仓库

图 3—7　罐式仓库

(5) 简易仓库

简易仓库的构造简单，造价低廉，一般是在仓库不足而又不能及时建库的情况下采用的临时代用仓库，包括一些固定或活动的简易货棚等。

6. 按库内形态分类

按库内形态不同，仓库可分为地面型仓库、货架型仓库和自动化立体仓库。

(1) 地面型仓库

地面型仓库一般指单层地面库，多使用非货架型的保管设备。

(2) 货架型仓库

货架型仓库是指采用多层货架保管的仓库，货架上放着货物和托盘，货物和托盘可在货架上滑动。货架可分为固定货架和移动货架。

(3) 自动化立体仓库

自动化立体仓库由高层货架、巷道堆垛起重机（有轨堆垛机）、入出库输送机系统、自动化控制系统、计算机仓库管理系统及周边设备组成，可对集装单元货物实现机械化自动存取和控制作业，如图 3—8 所示。

图 3—8　自动化立体仓库

7. 按仓库功能分类

现代物流管理力求进货与发货同期化，使仓库管理从静态管理转变为动态管理，仓库功能也随之改变，这些新型仓库有了以下称谓：

(1) 集货中心

将零星货物集中成批量货物称为集货。集货中心可设在生产点数量很多但每个生

产点产量有限的地区。只要这一地区某些产品的总产量达到一定水平，就可以设置这种有集货作用的物流据点。

（2）分货中心

将大批量运到的货物分成批量较小的货物称为分货，分货中心是主要从事分货工作的物流据点。企业可以采用大规模包装、集装货散装的方式将货物运到分货中心，然后按企业生产或销售的需要进行分装。分货中心可以降低企业的运输费用。

（3）转运中心

转运中心的主要工作是承担货物在不同运输方式间的转运。转运中心可以进行两种运输方式间的转运，也可进行多种运输方式间的转运，可分为卡车转运中心、火车转运中心和综合转运中心等。

（4）加工中心

加工中心的主要工作是进行流通加工。设置在供应地的加工中心主要进行以物流为主要目的的加工，设置在消费地的加工中心主要进行以实现销售、强化服务为主要目的的加工。

（5）储调中心

储调中心以储备为主要工作内容，其功能与传统仓库基本一致。

（6）配送中心

配送中心是从事配送业务的物流场所或组织，它基本符合下列要求：主要为特定的用户服务，配送功能健全，有完善的信息网络，辐射范围小，高频率、小批量、多批次配送货物，以配送为主、储存为辅。

（7）物流中心

物流中心是从事物流活动的场所或组织，它基本符合下列要求：主要面向社会提供公共物流服务，物流功能健全，有完善的信息网，集聚辐射范围大，少品种、大批量，存储、吞吐能力强，统一经营管理物流业务。

四、仓储作业

仓储作业是指以存储、保管活动为中心，从仓库接收货物入库开始到按需要把货物全部完好地发送出去的全过程。仓储作业要满足及时、准确、严格、经济的要求。

仓储作业组织就是按照约定的目标，将仓库作业人员与仓库储存手段有效地结合起来，完成仓库作业过程各环节的职责，为商品流通提供良好的储存劳务。仓储作业组织的目标是快进、快出、高效、保质、低成本。

仓储作业流程形式有许多种类，从一般的仓库到复杂的综合性物流中心，其流程的区别主要取决于仓库本身的业务模式、规模大小、设施条件、客户方向、服务功能等诸多因素。简单来说，仓储作业流程主要分为货物入库作业、货物在库保管作业、货物出库作业这三个主要环节，可以归纳为订单处理作业、采购作业、入库作业、盘点作业、拣货作业、出货作业和送货作业。

仓库作业的基本工作流程如图 3—9 所示：

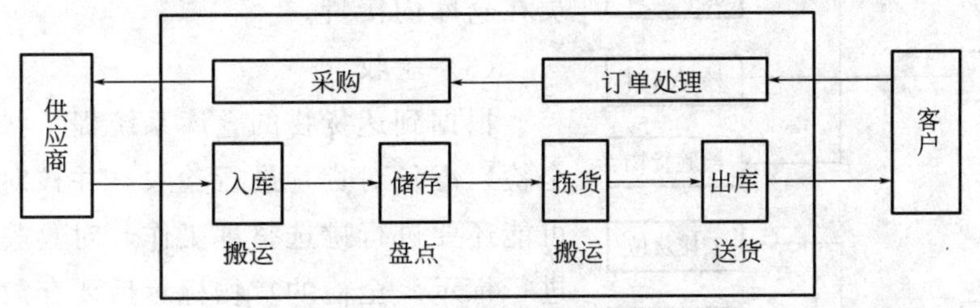

图 3—9　仓库作业的基本工作流程

仓库作业各工作环节的内容见表 3—6。

表 3—6　　仓库作业各工作环节的内容

工作环节	内　　容
订单处理作业	接受订单，查询客户及仓库情况
采购作业	将仓库的存货控制在一个可接受的水平，寻求订货批量、时间与价格的合理关系
入库作业	商品资料查核、商品检验、安排卸货、托盘码放、薄膜缠绕和货物入库
盘点作业	对库货物数量与账面数量进行核查
拣货作业	拣取、补充作业的货物移动安排和人员调度
出货作业	准备送货文件、为客户打印出货单据、准备发票、进行出货调度、决定货物在车上的摆放方式、打印装车单等
送货作业	送货路线规划、车辆调度、司机安排、客户即时联系、商品在途信息跟踪、意外情况处理及文件处理等

1. 货物入库作业

货物入库作业是仓储作业的开始，主要内容包括核验单据、装卸、搬运、分类、验收确认，并将货物按预定的货位储存入库的整个过程。货物入库作业是后续作业的基础和前提，入库工作的质量直接影响到后续作业的质量。货物入库作业流程如图 3—10 所示。

（1）入库前的准备

根据供应商（存货人）的入库通知制订入库作业计划，主要包括货位准备、清扫、垫垛，接货现场准备，装卸搬运设备准备，工作人员安排，各类入库所需单证准备等。

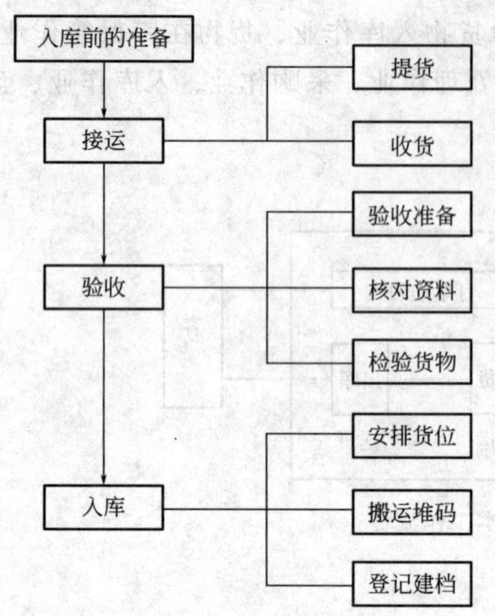

图 3—10　货物入库作业流程

（2）接运

接运包括提货和收货。提货是指仓库工作人员到铁路、车站、码头或供货单位将货物取回；收货是指供货单位直接将货物送达仓库，工作人员在仓库内接货。

（3）验收

根据到达货物的仓库系统提示状态（免检或全检）准备对货物进行验收，并核对资料，有的可能还要进行挑选整理工作，对验收合格的货物进行标示。全检的货物标示后要存放在检验区等待质检人员进行检验，合格后方能接收入库。

（4）入库

入库主要有安排货物货位、搬运堆码，建立档案和信息录入仓库系统等环节。

2. 货物在库保管作业

货物在库保管作业就是对在库货物进行理货、堆码、苫垫、维护保养、检查盘点等保管工作。在库保管非常重要，是仓储保管工作的核心。货物在库保管作业最基本的要求就是保证在库货物的数量和质量完好无损，减少出、入库的操作时间，提高效率，方便拣选和搬运。货物在库保管作业流程如图 3—11 所示。

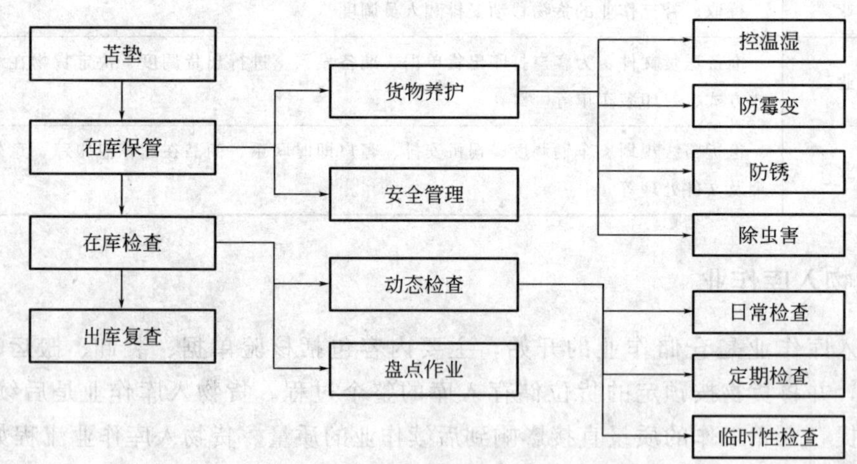

图 3—11　货物在库保管作业流程

（1）苫垫

“苫”指在货垛上加遮盖物，“垫”指在货垛底加衬垫物。苫垫是防止各种自然条件对库存货物质量产生不良影响的必要措施。例如，露天存放的货物苫垫后就可以减轻雨、露和潮气的侵蚀，以及日光暴晒的危害。

（2）在库保管

在库保管是指根据在库货物的特性，结合仓库的具体条件，采取各种科学手段对货物进行养护，防止和延缓货物质量发生变化。在库保管的目的是要保持货物的使用价值，最大限度地减少货物的自然损耗，杜绝因保管不善而造成的货物损害，因此必须遵循“预防为主，防治结合”的保管原则。

（3）在库检查

检查在库货物可以掌握货物保管过程中的质量变化情况，因此需要根据其性质、存储条件、存储时间和季节气候变化分别确定检查周期、检查比例、检查内容，分别按期进行检查或进行巡回检查，便于及时发现问题并采取相应措施。

只有保证在库货物数量准确和质量完好，仓库才能更有效地为生产、流通提供可靠的供货保证。

（4）出库复查

货物出库时，应对货物数量和质量进行核对和检查，确保货物的品种、规格、数量准确无误，质量完好，包装与标签符合规定，并遵循“先进先出”或“近期先出”及“按批号出货”等原则。

3. 货物出库作业

货物出库作业是依据客户服务部门或业务部门开出的发货单、提单、领料单等货物出库凭证，按其所列的货物编号、名称、规格、数量或生产日期等项目组织货物出库的一系列活动。货物出库作业的完成标志着货物保管工作的结束。货物出库作业流程如图 3—12 所示。

（1）出库准备工作

1）检查车辆装载条件和卫生条件是否满足要求。

2）合理安排装车空间。

3）准备装车工具，如推车、渡板、叉车、托盘等。

4）安排装车所需工作人员。

（2）货物出库工作

1）检查装车单据。确认出库单据是否真实，项目是否齐备，手续是否完善。

2）按照装车图配货装车。将要装车的货物从相应货位取出并装车，装车时应当按照装车图进行配载，以充分利用运输工具的容积空间和载重能力。装车过程中应遵循装卸作业标准，规范操作。

3）核实装车货物数量、质量。装车时或装车结束后要核实装车货物的品种、规

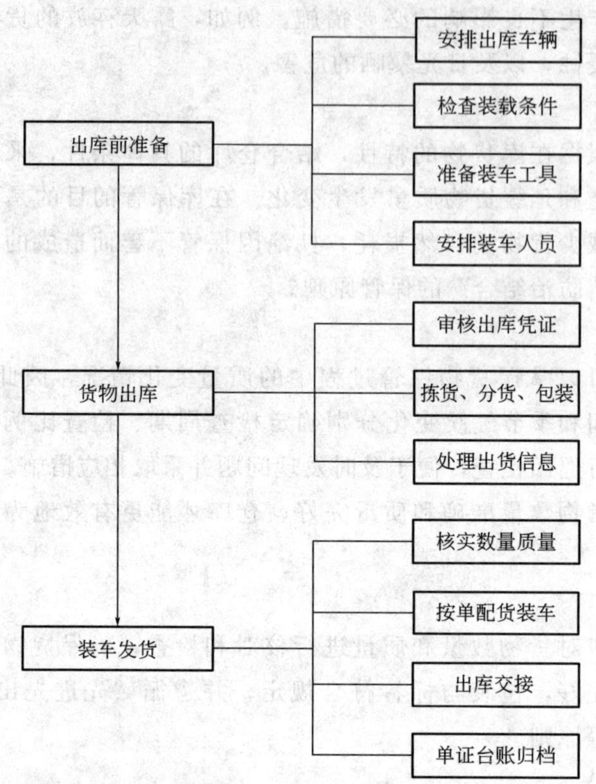

图 3—12　货物出库作业流程

格、数量、质量等，确保与出库单据一致，避免差错。

4）与送货人员或接货人员确认出库事宜。双方确认出库货物，签字盖章以明确责任。

5）登记台账。登记货物库存台账，并向财务、销售或者生产等部门反馈相关信息。

（3）货物出库要求

1）“三不”，即未接单据不登账，未经审单不备货，未经复核不出库。

2）“三核”，即发货时要核实凭证、核对账卡、核对实物。

3）“五检查”，即对单据和实物要进行品名检查、规格检查、包装检查、件数检查、重量检查。

4. 仓储作业应当注意的问题

（1）库存货物要进行定位管理，即将不同的货物按分类、分区管理的原则存放，并用货架放置。仓库内至少要分为三个区域：一是大量存储区，即以整箱或栈板方式储存；二是小量存储区，即将拆零货物放置在陈列架上；三是退货区，即将准备退换的货物放置在专门的货架上。

（2）储存货物不可直接与地面接触，以避免潮湿引起货物变质、生锈等，必须进行苫垫。

（3）货物储存在货架或货垛时应设置存货卡，货物进出要注意“先进先出”的原则。实际工作中很多企业采取色彩管理法，如每周或每月采用不同颜色的货物标签，以明显识别进货的日期。

（4）要注意仓储区的温度和湿度，保持通风、干燥。

（5）仓库内要设有防水、防火、防盗等设施，以保证货物安全。

（6）仓库管理人员要与订货人员及时进行沟通，以便到货的顺利存放，还要适时对存货不足的情况进行预警，以防缺货。

（7）仓储存取货原则上应随到随存、随需随取，但考虑到效率与安全，有必要制定作业时间规定。

（8）货物进出库要做好登记工作，以便明确保管责任。但为讲究时效，有些货物（如冷冻、冷藏货物）也采取卖场存货与库房存货合一的做法。

（9）仓库要注意实行门禁管理，无关人员不得随便入内。

五、仓储作业的原则

1. 分区分类作业

（1）货物分区分类储存的概念

仓库货物分区分类储存是根据“四一致”的原则（性能一致、养护措施一致、作业手段一致、消防方法一致），把仓库划分为若干保管区域，根据储存货物大类和性能划分为若干类别，以便统一规划储存和保管。

（2）货物分区分类储存的方法

由于仓库的类型、规模、经营范围、用途各不相同，各种仓储货物的性质、养护方法也迥然不同，因此分区分类储存的方法也有多种，需统筹兼顾，科学规划。易爆、易燃、助燃、毒害、腐蚀性、放射性等类货物性质各异、互相影响或抵触的，必须分区隔离储存。即使是同类货物，虽其性质互不抵触，但也应视其危险性的大小和急缓程度进行分类存储。

2. 货位编号

货位编号也称方位制度，是指对仓储企业划分的货区、库房、货棚、货位按地点、位置顺序统一编列号码，并做出明显标志的管理方法。

（1）货位编号的方法

进行货位编号时，应按仓库不同条件和需要，灵活运用平面、垂直或立体的纵横方向序列，以各种简明符号与数字和文字结合，编制货区仓位号别。编号时，既可整个仓库统一顺序编号，也可不同库房、货棚、货场分别各自编号。为了掌握货位的情况，除标示货位编号外，可制作活动卡标明货位的使用和空闲情况，悬挂在仓库明显处或管理人员办公地点，以便能迅速办理货物出、入库。货位编号可以提高仓库收发货效率，减少串号和收发货差错现象，便于仓储货物的统计和检查监督，保证账货相符。

仓库中进行货位编号常用的方法有以下几种：

1）仓库内储存场所的编号。整个仓库内的储存场所如果有库房、货棚、货场，则可以按一定的顺序（自左向右或自右向左）各自连续编号。库房的编号一般写在库房的外墙上或库门上，字体要统一、端正，色彩鲜艳、清晰醒目、易于辨认。货场的编号一般写在场地上，书写的颜料要耐摩擦、耐雨淋、耐日晒。货棚编号书写的位置则可根据具体情况而定，总之应让人一目了然。

2）库房编号。多层库房的编号常采用"三位数编号""四位数编号"或"五位数编号"的方法。"三位数编号"是用三个数字或字母依次表示库房、楼层和仓间，如"131"表示1号库房、3层楼、1号仓间。"四位数编号"是用四个数字或字母依次表示库房、楼层、仓间和货架，如"1331"表示1号库房、3层楼、3号仓间、1号货架。"五位数编号"是用五个数字或字母依次表示库房、楼层、仓间、货架、货格，如"13311"表示1号库房、3层楼、3号仓间、1号货架、1号货格。

3）货位编号方式。货位布置的方式不同，其编号的方式也不同。货位布置的方式一般有横列式和纵列式两种。横列式即货位横向摆放，常采用横向编号。纵列式即货位纵向摆放，常采用纵向编号。

（2）货位编号的应用

1）当货物入库后，应将货物所在货位的编号及时登记在账册上或输入计算机。货位编号输入准确与否，直接决定了出货的准确性，应认真仔细操作，避免差错。

2）当货物所在的货位发生变动时，该货物账册上或仓库系统的货位编号也应进行相应调整。

3）为提高货位利用率，一般同一货位可以存放不同规格的货物，但必须配备区别明显的标志，以免造成差错。

（3）货位编号的要求

货位的编号就好比货物在仓库中的住址，必须符合"标志明显易找，编排循规有序"的原则。具体编号时，必须符合以下要求：

1）标志设置要适宜。货位编号的标志设置要因地制宜，采用适当的方法，选择适当的地方。例如，无货架的库房内，走道、支道、段位的标志一般都设置在水泥或木板地坪上；有货架的库房内，货位标志一般设置在货架上等。

2）标志制作要规范。货位编号的标志如果随心所欲、五花八门，很容易造成单据串库、货物错收错发等事故。统一使用阿拉伯数字制作标志就可以避免以上问题。为了对库房及走道、支道、段位等加以区别，可在数字大小、颜色上进行区分，也可在数字外加上括号、圆圈等符号加以区分。

3）编号顺序要一致。整个仓库范围内的库房、货场内的走道、支道、段位的编号，一般都以进门的方向左单右双或自左向右顺序编号的规则进行。

4）段位间隔要恰当。段位间隔的宽窄应取决于货种及批量的大小，同时应注意的是，走道、支道不宜经常变更位置和编号，因为这样不仅会打乱原来的货位编号规律，而且会导致仓库管理人员不能迅速收发货。

3. 货物分类

货物分类是指为了一定目的，选择适当的分类标志，将货物科学地、系统地逐级划分为门类、大类、中类（货物品类）、小类（货物品种）、细目（货物花色、规格等）的过程。

（1）货物分类的层次

1）大类。大类体现货物生产和流通领域的行业分工，如五金类、化工类、食品类、水产类等。

2）中类（货物品类）。中类体现为具有若干共同性质或特征货物的总称，如食品类货物又可分为蔬菜和水果、肉和肉制品、乳和乳制品、蛋和蛋制品等。

3）小类（货物品种）。小类是对中类货物的进一步划分，体现为具体的货物名称，如酒类货物可分为白酒、啤酒、葡萄酒、果酒等。

4）细目。细目是指对货物品种的详尽区分，包括货物的规格、花色、等级等，更具体地体现货物的特征，如“500 mL 装 53 度飞天茅台酒”。

（2）货物分类的方法

1）按货物的用途分类。按用途不同，可将全部货物分为生产资料和生活资料两大类。若将生活资料继续按用途分类，又可分为食品、医药用品、纺织品等。

2）按货物的原材料分类。这种分类适用于原材料的种类和质量对货物的性能和品质影响较大，或起决定作用的情况。

3）按货物的加工方法分类。若生产工艺不同，生产出的货物特性、品种也就不同，可使用这种分类方法。

4）按货物的主要成分或特殊成分分类。当货物的特性、质量、用途由其主要成分或特殊成分所决定时，则可采用这种分类方法。

5）按其他特征分类。比如按货物的形状、尺寸、颜色、重量、产地、产季等分类。

4. 货物堆码作业技术

货物堆码是指货物堆放的形式和方法。货物的合理堆码也是储存中一项重要的技术工作。它对维护货物质量、充分利用库房容积和提高装卸作业效率，以及保证货物安全等具有重大影响。货物堆码要遵守合理、牢固、定量、整齐、节约、先进先出等要求。

（1）对堆码场地的要求

堆码场地可分为库房内堆码场地、货棚内堆码场地和露天堆码场地。不同类型的堆码场地在进行堆码作业时会有不同的要求。

1）库房内堆码场地。库房内堆码场地是指用于承受货物堆码的库房地坪，要求平坦、坚固、耐摩擦，一般要求 1 m^2的地面承载能力为 5～10 t。堆码时，货垛应在墙基线和柱基线以外，垛底应适当垫高。

2）货棚内堆码场地。货棚是一种半封闭式的建筑，为防止雨雪渗漏、积聚，货棚堆码场地四周必须有良好的排水系统，如排水沟、排水管道等。货棚内堆码场地的地坪应高于货棚外场地，并应平整、坚实。堆码时，货垛一般应垫高 20～40 cm。

3）露天堆码场地。露天货场的地坪材料可根据堆存货物对地面的承载要求不同，采用夯实泥地、钢筋水泥地或铺沙石、块石地等。地坪应坚实、平坦、干燥、无积水、无杂草，四周同样应有排水设施，堆码场地必须高于四周地面，货垛必须垫高 40 cm。

（2）对堆码货物的要求

货物在正式堆码前，必须达到以下要求：货物的名称、规格、数量、质量已全查清；货物已根据物流的需要进行编码；货物外包装完好、清洁，标志清楚；部分受潮、锈蚀和发生质量变化的不合格货物应加工恢复或剔除；为便于机械化作业，准备堆码的货物已进行集装单元化。

（3）堆码操作的要求

1）安全。堆码操作人员必须严格遵守安全操作规程，使用合适的装卸搬运设备，严禁超载，同时还应防止堆码超过建筑物安全负荷量。码垛必须不偏不斜，不歪不倒，牢固坚实，以免倒塌伤人或摔坏货物。

2）合理。不同货物的性质、规格、尺寸不相同，应采用各种不同的垛形。不同品种、产地、等级、单价的货物应分别堆码，以便收发、保管。货垛的高度要适当，不能压坏底层的货物和地坪，并与屋顶、照明灯保持一定距离。货垛的间距、走道的宽度、货垛与墙面和梁柱的距离等都要合理、适当。垛距一般为 0.5～0.8 m，主要通道的宽度为 2.5～3 m。

3）方便。货垛行数、层数应力求为10的整数倍，便于清点和进行收发作业。若过秤货物数量不是10的整数倍时，应分层表明重量。

4）整齐。货垛应按一定的规格、尺寸叠放，排列整齐、规范。货物包装标志应一律朝外，便于查找。

5）节约。堆垛时应注意节省空间位置，适当、合理安排货位，提高仓容利用率。

（4）货物堆码的“五距”

货物堆码要做到货堆之间、贷垛与墙和柱之间保持一定距离，留有适宜的通道，以便货物的搬运、检查和养护。要把货物保管好，“五距”很重要。“五距”指顶炬、灯距、墙距、柱距和堆距。

1）顶距是指货堆顶部与仓库屋顶平面之间的距离。留顶距的目的主要是通风，仓库为平顶楼房时，顶距应在50 cm以上为宜。

2）灯距是指仓库内的照明灯与货物之间的距离。留灯距的目的主要是防止火灾。灯距一般不应少于50 cm。

3）墙距是指货垛与墙的距离。留墙距的目的主要是防潮，便于通风散潮。

4）柱距是指货垛与屋柱之间的距离。留柱距的目的是防止货物受潮和保护柱脚，一般留10～20 cm。

5）堆距是指货垛与货垛之间的距离。留堆距的目的是便于通风和检查货物。

六、仓储作业过程合理组织的目标和原则

仓储作业过程合理组织是指根据仓储的客观要求和管理需要，把与仓储业务有直接关系的人、物和环境尽可能合理地组织搭配起来，从而达到仓储作业最优化目标：快进、快出、多储存、保管好、成本低。为了实现最优化目标，必须合理组织仓储作业过程。

1. 仓储作业过程的连续性

连续性是指储存货物在仓储作业过程的流动性，货物到库后从卸车、验收、库内搬运、堆码，到出库时的备料、复核、装车等，都是一环扣一环、互相紧密衔接的。保持其过程的连续性，可以缩短货物在各个环节的停留时间，避免货物在停放时可能导致的损失，有利于提高仓储质量、加快货物周转、提高劳动生产率。

2. 仓储作业过程的协调性

协调性是指仓储作业的各阶段、各工序之间在人力、物力配备和时间安排上必须要保持适当的比例关系，作业过程中应充分考虑仓储作业具有不均衡性的特点，根据

仓储作业要求配备各环节作业人数和机器设备数量，并相互协调，防止上下工序或作业环节间发生脱节中断或比例失调现象，从而保证仓储作业过程的正常进行。

3. 仓储作业过程的空间组织

空间组织是指划分作业过程并确定其在一定平面上的布局，基本要求是保证储存货物在空间距离上有最短的运输路线。

在划分作业过程时，应根据仓储的特点，使储存货物在作业过程中按最短路线前进，避免往返运转。为此，一方面要合理地划分作业班组，另一方面要保证仓储设施的合理布局。

4. 仓储作业过程的时间组织

时间组织就是通过各个环节作业时间的合理安排和衔接，保证仓储作业的连续进行。货物仓储作业的时间主要取决于供货合同的规定，但仓储活动的各环节是否合理，同样也影响着作业时间，特别是急需货物，各道工序的结合方式直接影响作业时间。有的仓库实现一次性作业，卸车、验收、搬运等可连续进行，一次进入货位堆码阶段，这就大大节省了作业时间。当然，仓库在工序时间上的结合方式与机械化程度、设备能力、工人技术水平有关。

第二节 库存管理

【引导案例】

库存控制就是要求控制合理的库存水平，即用最少的投资和最少的库存管理费用维持合理的库存，以满足使用部门的需求和减少缺货损失，保障供应和低成本运作。

和瑞公司是某地一家著名的面粉生产企业，经过多年的发展，产量和利润都得到大幅度提高，但近年来经济形势的快速转变和原辅材料价格的不断上涨，使得其产品库存积压增加，资金占用多致使周转率下降，运作成本相应提高。因此，和瑞公司决定对其库存政策进行分析和改进。

第一是优化存货管理流程。通过业务流程重组，从产品入库检验到存货、发货、出库，对整套流程进行优化组合和合理配置，包括退货的处置和盘点的操作都制定了严格的制度和考核要求，使存货管理流程的各环节真正实现其控制作用，从而缩短存货周期，提高管理效率。

第二是建立最佳存货量。通过市场调查，运用科学的方法和数学模型，预测未来一定时期内的合理库存，为公司决策提供依据，结合自身的模型和对历史数据的分析，确定每种存货的库存警戒线，从而使库存得到有效的控制。

第三是改进存货信息管理系统。将存货信息管理系统的资源同ERP管理系统的其他子系统实现共享，避免产生“信息孤岛”，提高管理效率，同时增加必要的信息检索和对比分析等管理功能，满足存货管理中的过程控制需求和决策中的信息需求。

结合和瑞公司对库存所采取的控制改进措施，请思考：和瑞公司还没注意到或采用哪些更有效的库存管理方法？

一、库存管理与库存作业

国家标准《物流术语》（GB/T 18354—2006）对库存的定义是：储存作为今后按预定的目的使用而处于闲置或非生产状态的物品。广义的库存还包括处于制造加工状态和运输状态的物品。

1. 库存管理

库存管理又称为库存控制，是对制造业或服务业生产和经营全过程的各种货物、产成品和其他资源进行管理和控制，使其储备保持在经济合理的水平。

库存管理的目标是防止超储和缺货，在企业现有资源约束下，以最合理的成本为客户提供所期望水平的服务，即在达到客户期望的服务水平的前提下，尽量将库存成本减少到可以接受的水平。

2. 库存作业

库存作业包含仓库区的管理及库存数量的控制。

仓库区的管理包括：货物在仓库内的摆放方式、区域大小、区域分布等规划；货物进出仓库的控制，如先进先出或后进先出；货物进出方式的确定，如货物所用的搬运工具、搬运方式；以及仓储区储位的调整及变动等。仓库区的管理也包含设施设备的使用与保管维修。

库存数量的控制则依照一般货物出库数量、入库所需时间等来确定采购数量及采购时点，并制作采购时点预警系统；在一定期间印制盘点清册，并依据盘点清册内容清查库存数、修正库存账册并制作盘亏报表。

二、库存作业设备及用品

库存作业中所使用的设备主要有装卸搬运设备、保管设备、通风保暖照明设备、

养护检验设备、计量设备、消防安全设备、劳动防护用品等。

1. 装卸搬运设备

装卸搬运设备用于货物的出入库、库内堆码和翻垛作业。这类设备对改进仓储管理、减轻劳动强度、提高收发货效率具有重要作用。目前，我国仓库中所使用的装卸搬运设备通常可以分成三类：第一类是装卸堆垛设备，包括桥式起重机、轮胎式起重机、门式起重机、堆垛机、电动叉车（见图 3—13）等；第二类是搬运传送设备，包括电瓶搬运车、带式输送机（见图 3—14）、手推车等；第三类是成组搬运工具、托盘等。

图 3—13　电动叉车

图 3—14　带式输送机

2. 保管设备

保管设备是用于保护仓储货物质量的设备，主要可归纳为以下几种。

（1）货架

货架即存放货物的敞开式格架。货架在批发、零售量大的仓库，特别是立体仓库中起很大的作用，它既便于货物的进出，又能提高仓库容积利用率。货架主要包括轻型货架（层载为 100 kg 左右，主要用于电子及医药行业，见图 3—15）、中型货架（层载为 100～300 kg，主要用于医药行业及五金器材行业）、重型货架（层载为 300～5 000 kg，主要用于机械行业）、阁楼式货架（主要用于汽车 4S 店及大型库房）、驶入式货架（可供叉车或带货叉的无人搬运车驶入并存取

图 3—15　轻型货架

单元托盘物品）、流动式货架、移动式货架、后推式货架、旋转型货架（见图 3—16）、悬臂式货架（见图 3—17）、可携带式货架（用于存放不规则物体或易碎物体）、积层式货架加容器，以及依特殊需求设计的特殊货架。

图 3—16　旋转型货架

图 3—17　悬臂式货架

（2）货橱

货橱即存放货物的封闭式格架，主要用于存放比较贵重的或需要特别养护的货物。

（3）苫垫用品

苫垫用品起遮挡雨水和防潮、通风等作用，包括苫布、苫席、枕木、石条等。苫布、苫席用在露天堆场。

3. 通风保暖照明设备

通风保暖照明设备根据货物保管和库存作业的需要而设。

4. 养护检验设备

养护检验设备是指货物进入仓库验收和在库内保管期间测试、化验及防止货物变质、失效时使用的机具和仪器，如温度计、烘干箱、空气调节器、货物质量检验仪器等。

5. 计量设备

计量设备是用于货物进出时的计量、点数，以及货物储存期间的盘点、检查等，如地磅、轨道秤、电子秤、电子计数器、流量仪、皮带秤、天平仪，以及较传统的磅秤、卷尺等。随着仓储管理现代化水平的提高，现代化的自动计量设备将会得到更多应用。

6. 消防安全设备

消防安全设备是仓库必不可少的设备，包括报警器、消防车、手动抽水器、水枪、消防水源、砂土箱、消防云梯等。

7. 劳动防护用品

劳动防护用品主要用于确保仓库工作人员在作业中的人身安全，分为特种劳动防护用品和一般劳动防护用品。

（1）特种劳动防护用品

特种劳动防护用品包括头部护具（安全帽）、呼吸护具（防尘口罩、过滤式防毒面具、自给式空气呼吸器、长管面具等）、眼（面）护具（包括焊接眼面防护具、防冲击眼护具等）、防护服（包括阻燃防护服、防酸工作服、防静电工作服等）、防护鞋（包括保护足趾安全鞋、防静电鞋、导电鞋、防刺穿鞋、防砸安全靴、电绝缘鞋、耐酸碱皮鞋、耐酸碱胶靴、耐酸碱塑料模压靴等）、防坠落护具（包括安全带、安全网、密目式安全立网等）。

（2）一般劳动防护用品

一般劳动防护用品主要有普通劳动防护服、劳动防护雨衣、雨鞋（黑色雨靴）、普通劳动防护鞋、电绝缘手套、耐酸碱手套、焊工手套、抗油拒水服、耐油防护鞋、普通防护手套等。

三、库存管理过程

库存管理过程包括确定需求、存货识别与编码、确定订购批量与订购时间、采购提前期管理、确定服务水平与安全库存、库存出库等。

1. 确定需求

确定库存需求要进行需求预测，需求预测是库存管理的基础，是库存决策的依据。

（1）需求预测的方法

需求预测的方法主要有定性预测和定量预测。定性预测是指在缺乏足够的统计数据或原始资料的条件下，以及某些影响因素难以量化的情况下，依靠预测者的知识、经验等作出的预测。定量预测是指通过对数据的分析而进行的预测，又称统计预测法，其主要特点是利用统计资料和数学模型进行预测，是库存管理的一个重要方法。常见的需求预测方法见表 3—7。

表 3—7　　常见的需求预测方法

预测方法的种类		预测方法
定性预测法		市场调研法、小组共识法、历史类比法、德尔菲法
定量预测法	时间序列分析法	简单平均法、简单移动平均法、加权平均法、加权移动平均法、指数平滑法
	季节性预测法	
	因果联系分析法	回归分析法、经济计量模型法、投入/产出法
	模拟模型法	以计算机为基础的动态模拟法

（2）需求预测的内容

需求预测是有效库存控制系统的关键前提，因为需求预测是库存管理部门进行管理和控制的基础，所以需求预测水平对库存管理控制有至关重要的影响。库存需求有五个方面的因素必须加以考虑，即数量、时间、频率、范围和可预测性。

1）数量。数量可以用精确的数字表达，如 100 单位、1 000 kg；也可以表达为一个范围或一个概率，如 50～100 单位、85％。

2）时间。这里的时间指的是预测的时间跨度。预测数据必须与一个时间跨度相联系。需求随时间的变化是由于销售的增长或下降、需求模式季节性变化和多个因素导致的一般性波动。按时间不同，需求预测有短期预测、季节预测、长期预测三种。

短期预测的时间跨度一般是一年以内，通常在三个月以内，中期预测的时间跨度一般是三个月到两年，长期预测的时间跨度一般为两年以上。

3）频率。频率是指特定的时间内满足需求的次数（一次或几次），如某种货物在一年内的需求次数。

4）范围。范围是指需求数量的变化范围，例如，表 3—8 所列为货物 A 在 2017 年的需求数据。

表 3—8　　货物 A 在 2017 年的需求数据

月份	1 月	2 月	3 月	4 月	5 月	6 月	7 月	8 月	9 月	10 月	11 月	12 月
数量（件）	68	77	96	85	84	65	98	64	75	81	70	66

分析表 3—8 中的数据可以看出，货物 A 需求数量的变化范围为 64～98 件。

5）可预测性。需求可能是与历史数据相同的，或者与历史数据有联系，或者与历史数据毫无联系。如果需求是规律性的，就可以用需求模式来表示，这体现了需求的

可预测性。常见的需求模式有稳定性需求、趋势需求和季节型需求。

2. 存货识别与编码

【想一想】

库存中的存货包括多种货物，货物的使用人也很多，怎样使库存货物被准确地识别呢？

（1）存货识别

存货识别就是要确保库存货物可以被准确地识别。要使库存管理更为有效，必须对存货进行识别和编码。

最容易的识别方法就是用名字或描述性文字。但是要注意，不同的人对同一货物可能有不同的说法。如西红柿和番茄、马铃薯和土豆都是对同一种蔬菜的叫法，这在生活中是很常见的。但是，如果在库存记录中也存在对同一货物的多种写法，就会导致货物的实际库存水平高于需要的库存水平。因此，对库存货物使用描述性文字时，只用在描述简短明确、货物有限定范围、每个人都使用同一说法以及文字顺序清楚且不会改变的情况。

（2）存货编码

当存货数量很多、种类也比较复杂时，只使用名字和描述性文字容易混淆，所以在库存作业中通常采用编码方式来识别库存货物。对库存货物编码就要制定编码规则。目前，有很多不同的编码体系和编码方式。常见的一种编码方式是对要描述的货物属性（如货物自然属性、货物最终用途、库存地点、供应源和最终用户）进行分组，然后按照一定的规则进行编码。

1）编码内容。货物的编码通常有字母组合、字母与数字符号组合、数字符号组合等几种组合方式。

2）编码方法。编码系统为不同的货物编不同的号码，每一种货物对应一个唯一的编码。可以简单地按顺序进行编码，也可以采用结构化的编码方法。常见的编码方法有组码和条形码，这里重点介绍组码。

组码是结构化编码方式的一种，它将货物的编码分为三组，每组均以数字来表示：第一组为主分类，第二组为主分类的子组，第三组为子组下的具体分类，见表 3—9。例如，白色上衣组码见表 3—10。

表 3—9　　组码分类

第一组	第二组	第三组
主分类	主分类的子组	子组下的具体分类

表 3—10　　白色上衣组码

编号	货物类别	编号	货物类别
261	上衣	261.1	衬衫
261.11	白色		

【做一做】

请用组码给表 3—11 中的货物编号。

表 3—11　　货物编号练习

序号	货物名称	规格	包装	编号
1	康师傅红烧牛肉面	150 g/碗	10 碗 1 箱	
2	康师傅香辣牛肉面	150 g/碗	10 碗 1 箱	
3	康师傅小鸡炖蘑菇面	150 g/碗	10 碗 1 箱	
4	可口可乐	1.5 L/瓶	8 瓶 1 箱	
5	百事可乐	1.5 L/瓶	8 瓶 1 箱	
6	茉莉花茶	1.5 L/瓶	8 瓶 1 箱	
7	茉莉蜜茶	1.5 L/瓶	8 瓶 1 箱	

3. 确定订购批量与订购时间

确定订购批量与订购时间是指决定何时补充订货，以及补充多少数量。

经济订购批量是固定订货批量模型的一种，可以用来确定企业一次订货（外购或自制）的数量。当企业按照经济订购批量进行订货时，可实现订货成本和储存成本之和最小化。

基本公式是：

$$Q=\sqrt{\frac{2A\times C_2}{C_1}}$$

式中　Q——经济订购批量；

A——年订货量；

C_2——平均一次订货准备所发生成本；

C_1——每件存货的年储存成本。

【做一做】

某贸易公司每年以每单位 30 元的价格采购6 000个单位的某产品，处理订单和组织

送货要125元的费用，每个单位存储成本为6元，请问这种产品的经济订购批量是多少？

解：已知年订货量 $A=6\ 000$，平均一次订货准备所发生成本 $C_2=125$，每件存货的年储存成本 $C_1=6$。

代入公式可得：

$$Q=\sqrt{2\times 6\ 000\times 125/6}=500$$

所以，这种产品的经济订购批量是500个单位。

【做一做】

某企业生产某种产品，全年需要某种原料2 025 t，已知该原料每吨价格为500元，年存储费率为单价的5%，每次订购费用为1 250元，在不允许缺货的条件下，该企业每次采购的经济订购批量为多少？企业全年的订购费用是多少？

解：

1. 每次采购的经济订购批量

$=\sqrt{(2\times\text{每次订购费用}\times\text{年需求量})/(\text{原料单价}\times\text{年保管费用率})}$

$=\sqrt{(2\times 1\ 250\times 2\ 025)/(500\times 0.05)}=450(\text{t})$

2. 全年的订购费用 $=2\ 025/450\times 1\ 250=5\ 625$（元）

所以，企业每次采购的经济订购批量为450 t，企业全年的订购费用为5 625元。

4. 采购提前期管理

（1）采购提前期的定义

无论订货数量多少，从订单发出到接收货物总有一个延迟的时间，这就是采购提前期（或称为采购前置时间），即从采购订单发出到收到货物的时间间隔。采购提前期可以是不变的，也可以是可变的。

（2）采购提前期的计算

在计算订货数量时要考虑采购提前期。采购提前期要考虑安全库存费用与缺货费用之间的平衡。通常假设采购提前期是固定的，但实际上随着产品处于生命周期的不同阶段，这个数字变化很大。计算机系统中常根据第一次购买或制造产品的时间设定采购提前期，这比产品处于生命周期中间阶段时的采购提前期要长。

计算采购提前期可以用许多不同的方法，常见的方法有根据最后一次订货的提前量来确定采购提前期、利用某一个固定的期间（如12个月）的平均值作为采购提前期、利用所有采购提前期的平均值作为采购提前期等。

例如，某种货物采购提前期的历史数据见表3—12，表中记录了该货物10次的采购提前期，利用上述三种不同的方法计算其采购提前期：按最后一次订货的提前量来确定采购提前期，这种货物的采购提前期为 9 天；利用一个固定的期间（如表 3—12 中的第 6 次至第 10 次）的平均值作为采购提前期，这种货物的采购提前期为（9＋11＋10＋9＋9）÷5＝9.6≈10 天；利用所有采购提前期的平均值作为采购提前期，这种货物的采购提前期为（10＋8＋7＋5＋8＋9＋11＋10＋9＋9）÷10＝8.6≈9 天。

表 3—12　　某种货物采购提前期的历史数据

序号	1	2	3	4	5	6	7	8	9	10
采购提前期（天）	10	8	7	5	8	9	11	10	9	9

5. 确定服务水平与安全库存

（1）服务水平

服务水平是指客户提出订货要求时，企业能够满足客户需求的可能性。如果整个生产系统在任何时候均能满足全部客户的订货需求，则其服务水平为 100%；如果能满足 95%的需求，则其服务水平为 95%，也可以称此时生产系统的缺货概率为 5%。

（2）安全库存

安全库存也称为安全存储量或保险库存，是指为了防止不确定性因素（如大量突发性订货、交货突然延期、临时用量增加、交货误期等特殊原因）而预计的保险储备量（缓冲库存）。安全库存用于满足提前期需求。

安全库存越大，出现缺货的可能性越小；但库存越大，越容易导致剩余库存的出现。应根据不同货物的用途和客户的要求，将缺货保持在适当的水平，允许一定程度的缺货现象存在。

安全库存可以预防预测与实际消耗之间的差异，以及弥补期望运输时间与实际运输时间的差异所造成的损失，在补充周转库存时预防缺货。安全库存是在库存水平上增加一部分以满足不可预见的需求，如不稳定的需求、供应困难及其他紧急情况。

计算安全库存要以需求因素（包括需求变化、预测不准确和缺货）、供应因素（包括采购提前期变化、采购提前期估计不准确、供应的安全性）、库存策略（包括缺货的危害、货物费用、报废损失、损耗率和空间需求）和客观条件（包括理货、质量检验、机器布置、零件、工具、检验设备、叉车的流动、工厂和仓库的布置）等因素为基础。安全库存一般可以用提前期需求比例法、供应天数法等不同的方法来确定。

1）提前期需求比例法。这种方法是将安全库存表示为一设定的时间段，用该时间段乘以该段时间内平均需求量。对大多数货物来说，50%提前期的需要量一般就可以作为合适的库存数量。

这种方法对许多货物来说会导致过多或过少的安全库存。例如，对于那些有很长的可靠的提前期而且需求相当稳定的货物，如果有 12 周的提前期，6 周的需求量为安全库存，但是如果运输及时而且消耗逐月稳定，那么安全库存就太大了，这意味着太多的资金占用在非生产性的库存上。对于有很短的提前期而且需求变动非常大的货物，如果有一周的提前期，则安全库存有 3～4 天的需求量，如果需求变化非常大，安全库存已经不能满足用户的需要了，则存在着很高的缺货风险。

2）供应天数法。这种方法是人为指定一段时间的供应量作为安全库存。因为每个月没有足够的时间去检查每种货物的安全库存指标，这种按一定天数供应量计算的安全库存往往需要足够大的安全库存，结果是导致库存量大大增加。例如，某种货物每天的使用量为 10 kg，按 5 天的供应量作为安全库存时，该货物的安全库存为 5×10＝50 kg。

6. 库存出库

库存出库政策取决于货物消耗的顺序，通常有先进先出、后进先出和随机等出库规则。

“先进先出”是指按照进库的顺序进行处理，最先进库的货物最先使用，避免存储时间超过货架寿命，排成一列的货物就可这样处理。此原则一般适用于寿命周期短的货物，如感光纸、胶卷、食品等。“后进先出”是指最后进库的货物最先出库，堆成一堆的货物就可这样处理。“随机”是指货物出库没有规则。

在零售时，标明日期的库存要经常检查和出库，没有标明日期的库存要保持清洁和新鲜的外观。应将新的库存放在货架的后面，以保证货架清洁、整齐。

四、库存分类管理方法

1. ABC 分类法

ABC（Activity Based Classification 的简称）分类法是由意大利经济学家帕累托首创的。1879 年，帕累托在研究个人收入的分布状态时，发现少数人的收入占全部人收入的大部分，而多数人的收入却只占一小部分，他将这一关系用图表示出来，就是著名的帕累托图。该分析方法的核心思想是在决定一个事物的众多因素中分清主次，识别出少数的但对事物起决定作用的关键因素和多数的但对事物影响较小的次要因素。后来，帕累托法被不断应用于管理的各个方面。1951 年，管理学家戴克将其应用于库存管理，命名为 ABC 分类法。

库存货物品种繁多、数量巨大，有的货物品种、数量不多但市值很大，有的货物品种、数量多但市值却不大。由于企业的各方面资源有限，不能对所有库存货物都同样重视，要将企业有限的资源用在需要重点管理的库存上，按库存货物重要程度的不同进行分类管理和控制。

库存管理中的ABC分类法是将库存货物按品种和占用资金的多少分为特别重要的库存（A类）、一般重要的库存（B类）、不重要的库存（C类）三个等级，然后针对不同等级分别进行管理和控制，找到关键的少数和次要的多数。

ABC分类法的依据是库存中各货物每年消耗金额（该品种的年消耗量乘以其平均单价）占年消耗总金额的比例。

对于怎样划分各种货物在每年消耗总金额中的比例，ABC分类法没有一个统一的标准，一般来说：

A类货物品种比例为5%～15%，平均为10%，品种比重非常小；年消耗金额比例为60%～80%，平均为70%，占用了大部分的年消耗金额，是关键少数，是需要重点管理的库存。

B类货物品种比例为15%～25%，平均为20%；年消耗金额比例为15%～25%，平均为20%，其品种比例和金额比例大体近似，是需要常规管理的库存。

C类货物品种比例为60%～80%，平均为70%，品种比重非常大；年消耗金额比例为5%～15%，平均为10%，虽然表面上只占用了非常小的年消耗金额，但是由于数量巨大，实际上占用了大量的管理成本，是次要多数，是需要一般管理的库存。

A类货物在品种数量上仅占10%左右，管理好A类货物，就能管理好70%左右的年消耗金额，要进行重点管理。

对库存管理来说，就要在保证安全库存的前提下，小批量多批次按需储存，尽可能地降低库存总量，减少仓储管理成本和资金占用成本，提高资金周转率。

ABC分类法见表3—13。

表3—13　　ABC分类法

项目/级别	A类货物	B类货物	C类货物
特点	品种约占库存总数的10%，成本占60%～80%	品种约占库存总数的20%，成本占15%～25%	品种约占库存总数的70%，成本占5%～15%
控制程度	严格控制	一般控制	简单控制
库存量计算	依库存模型详细计算	一般计算	简单计算或不计算
进出记录	详细记录	一般记录	简单记录
存货检查频率	密集	一般	很低
安全库存量	低	较大	大量

2. CVA分类法

CVA（Critical Value Analysis 的简称）分类法即关键因素分析法。由于 ABC 分类法中 C 类货物得不到足够的重视，往往因此而导致生产停工，引进 CVA 管理法来对 ABC 分类法进行有益的补充。该方法将货物分为最高优先级、较高优先级、中等优先级、较低优先级四个等级，不同等级的货物允许缺货的程度是不同的。

按 CVA 分类法所划分的库存种类及其管理策略见表 3—14。

表 3—14　　按 CVA 分类法所划分的库存种类及其管理策略

库存种类	特　点	管理策略
最高优先级	经营管理中的关键货物，或 A 类重点客户的存货	不可缺货
较高优先级	生产经营中的基础性货物，或 B 类客户的存货	允许偶尔缺货
中等优先级	生产经营中比较重要的货物，或 C 类客户的存货	允许合理范围内缺货
较低优先级	生产经营中需要，但可替代的货物	允许缺货

ABC 分类法和 CVA 分类法都是用一个因素对库存的物资进行划分，CVA 分类法比 ABC 分类法有更强的目的性。CVA 分类法的使用，必须建立在企业对客户进行详细分类管理的基础上。将 ABC 分类法和 CVA 分类法结合使用，可以达到分清主次、抓住关键环节的目的，在此基础上进行管理，可以取得更好的效果。

思考练习题

1. 仓库按使用范围不同可分为哪几类？
2. 入库作业流程有哪些内容？
3. 货物在正式堆码前应达到哪些要求？
4. 画出出库作业流程图。
5. 货物出库要求是什么？
6. 库存作业中所使用的设备主要有哪些种类？
7. 库存需求预测的内容是什么？
8. 库存管理中，什么是 ABC 分类法？分类依据是什么？
9. 库存管理中，什么是 CVA 分类法？

第四章　配送管理

物流中，仓库的功能已经从单纯的物资存储保管，发展到物资的接收、分类、计量、包装、分拣、配送、存盘等多种功能。物流仓储配送服务也已成为我国电子商务最为核心的行业环节，能够提供一个全面、完善的物流仓储配送解决方案也成为很多中小卖家、电子商务供应商必须关注的问题，于是，配送管理应运而生。配送管理通过采用先进技术和手段，利用和整合仓库自身和客户的现有优势，以不仅为客户提供低成本的物流配送模式，还提供最快速的物流配送方案作为终极目标，最终使企业盈利，并增强市场竞争实力。

第一节　配送业务

【引导案例】

富泽仓储公司最近正面临巨大的困难，其仓储业务不断减少，仓库设施和人员时常处于闲置状态，仓储利润入不敷出，已经影响到正常运作。公司管理层决定将仓库改制并转型，在决策时他们面临着两种选择：一是将仓库和设施租赁给客户使用，二是改造升级为配送中心。经过多方面论证分析，公司管理层最后确定把仓库转型为配送中心，将仓库服务延伸扩展到物流领域，这样不仅可以增加业务收入，还可以安置服务公司多年的老员工，并为社会创造就业岗位。

他们按照配送模式重新规划仓库布局，拆除部分货架，腾出空间用于配送周转，可以操作从原材料接收到产品出库的整个流程。同时，他们借鉴先进物流企业的经验，认识到配送系统的重要性，在以下方面进行重点投资改造升级：添置现代化的机械装置，使货物的筛选、包装和分拣都能够采用机械处理，减少人工操作的成本，使配送中心从一开始就能保持高效率的运作；调整运输车队的车型，使货物装载率最大化；培训驾驶员和送货人员，保证货物运送到客户处的时间控制在协商规定的时间范围内，保证高效、及时的运输能力；同时，安排返场车辆带回客户成品、退货，或顺路捎回

其他客户的货物，避免车辆空载，降低运输成本；升级通信系统和物料系统，通过先进的系统保持同客户和外部供应商的信息沟通，物料对账、费用结算也能随时进行，通信系统还可以保证离场车辆也在配送中心的实时控制中，使配送中心能快速对一切异常做出反应。

经过半年多的试运转，各项考核指标表明，富泽公司的转型是成功的。

请思考：富泽仓储公司成功转型的关键点在哪里？如果要进一步增加业务收入，该公司还可以在哪些方面做出改进决策？

配送是伴随着生产的不断发展而发展起来的，尤其是第二次世界大战后，为了满足日益增长的物资需求，一些发达国家逐步发展了配送中心，加快了库存物资的周转，打破了仓库的传统观念。

从某种意义上来说，配送是仓库功能的扩大化和强化，使仓库货物由“静态储存”转变为“动态储存”，业务活动由原来的单纯保管、储存货物转变为提供多种服务，并且把保管、储存、加工、分类、分拣和输送等连成一个整体，主动为客户提供“门到门”的服务。

配送几乎包括了所有的物流功能要素，是物流的一个缩影，是商流与物流的紧密结合，是在某个小范围中物流全部活动的体现，不同之处在于，一般物流的活动是运输与保管，而配送则是运输与分拣配货。

一、配送的概念及基本环节

1. 配送的概念

国家标准《物流术语》（GB/T 18354—2006）对配送的定义是：在经济合理区域范围内，根据客户要求，对物品进行拣选、加工、包装、分割、组配等作业，并按时送达指定地点的物流活动。

2. 配送的作用

（1）完善和优化了物流系统

货物在长距离、大批量的干线运输之后，需要辅以支线运输和搬运，这个环节具有灵活性、适应性、服务性的特点，而采用配送方式则将支线运输及搬运统一起来，使物流运输过程得以优化和完善。

（2）提高末端物流的效益

采用配送方式，通过增大批量来保持进货的经济性，又通过将各种商品用户集中在一起进行一次发货，代替分别向不同客户小批量发货来保持发货的经济性，从而使末端物流的经济效益得以提高。

(3) 通过集中库存使企业实现低库存或零库存

实现了高水平的配送之后，尤其是采取准时配送方式后，生产企业完全依靠配送中心的准时配送而不需要保持自有库存，实现“零库存”，同时释放出大量储备资金，改善企业的财务状况。此外，集中库存还可以利用规模经济的优势，使单位存货成本下降。

(4) 简化事务，方便客户

采用配送方式，客户只需对一个配送中心接货，代替原有的高频率接货，从而大大减轻了客户的工作量和负担，也节省了事务性开支。

(5) 提高供应保证程度

采用配送方式，配送中心可以比任何单位或企业的储备量更大，因而对每个企业而言，中断供应、影响生产的风险便会相对缩小，使客户免去短缺之忧。

3. 配送的特点

通过分析配送的内涵可以看出，配送活动具有以下几个特征：

(1) 配送以用户需求为出发点

配送提供的是物流服务，满足客户对物流服务的需求是配送的前提。因此，在观念上必须明确客户第一、质量第一，配送组织应该在满足客户利益的基础上获得本组织的利益。

(2) 配送是“配”与“送”的有机结合

“配”是指配用户、配时间、配货物、配车辆、配路线；“送”是指送货运输，包括各种送货方式和送货行为。配送是根据客户订货要求，在物流节点进行分拣、加工和配货等作业后，将配好的货送交收货人的过程。

(3) 配送是短距离的末端运输

货物运输分为干线部分的运输和支线部分的配送。相对于城市之间和物流节点之间的长距离运输，配送承担的是支线的、末端的运输，是面对客户的多品种、小批量、短距离的送达服务。

(4) 配送是在合理区域内的送货

配送不宜在大范围内实施，通常仅局限在一个城市或地区范围内进行。

(5) 配送是物流和商流活动的结合

配送作业既包含集货、储存、拣货、配货、装卸等物流活动，也包括送达、验货等以送货上门为目的的商业活动。它是商流和物流紧密结合的一种特殊的综合性供应链环节。在买方市场占优势的当代社会，商流组织相对容易，故配送仍被视为一种以物流为主的业务形式。

4. 配送的基本环节

从总体上看，配送是由备货、理货和送货三个基本环节组成的。

（1）备货

备货是配送机构根据客户的要求和自身经营的需要从供应商处集中货物并进行存储的过程，是商品配送的前提和基础。备货工作通常包括制订进货计划、组织货源、进货验收、存储保管等基本业务。商业性批发一般由配送机构组织订货、购货、结算，同时由其负责进货验收、存储等物流活动，也就是在配送机构中实行商流和物流一体化。在由传统仓库发展起来的配送机构中，配送机构往往只负责供应方和需求方货物的入库验收、存储等物流活动，采购结算等商流活动由供应方和需求方直接组织完成，即商流和物流分离。备货是决定配送规模大小、成功与否的最基本环节，同时，也是决定配送效率高低的重要环节。

（2）理货

理货是配送的一项重要内容，也是区别于一般送货的重要标志，包括货物分拣、配货和包装等活动。

货物分拣是指采用适当的方式和手段从储存的货物中分出或拣选出用户所需要的货物。货物分拣一般采取两种方式来操作：一是摘取式，二是播种式。

摘取式分拣的具体做法是：作业人员拉着分拣箱，在排列整齐的仓库货架间巡回走动，按照配送单上所列的品种、规格、数量等将客户所需要的货物拣出并装入箱内。其特点是货物相对固定，而拣选人员或工具相对运动——人到货前。其优点是一人负责一单，出错的概率较小，而且易于追查，适合货物类型多、数量少的情况，便于管理和实行现代化。其缺点是作业重复太多，几乎每张出货单都要走一遍库房，人力负担重。

播种式分拣的具体做法是：将数量较多的货物集中运到发货场，然后根据每个货位货物的发货量分别取出货物，并分别投放到每个代表用户的货位上，直到配货完毕。其特点是用户的分拣库位固定，而分货人员或工具携带货物相对运动——货到人前，适合货物易于集中移动且对同一种货物需求量较大的情况。其缺点是需要相当的空间作待验区，而且出货时间必须有一定的间隔（要等一批出货单全部拣完、验完），不能像摘取式分拣那样逐单、连续出货。

【想一想】

配送和送货有何区别？

（3）送货

送货包含将物品装车并实际配送，而完成这些作业则需要事先规划配送区域或安排配送线路，由配送路线的先后次序决定物品装车顺序，并在物品配送途中进行跟踪、控制，制定配送途中意外状况及送货后文件的处理办法。

在物流活动中，送货的表现形式是物品的运输或运送（有时称为配送运输），但送货与通常讲的“干线运输”是有很大区别的：前者多表现为按用户之需进行的“末端运输”和短距离运输，且运输次数较多，运输工具主要为汽车；后者多为长距离运输，运输工具选择较多样化。

二、配送的类型

1. 按配送时间和数量进行分类

（1）定时配送

定时配送是指每次按规定的时间间隔进行配送。其特点是间隔时间固定，配送数量和品种可按计划或联络方式（电话、互联网）确定。由于每次都按固定时间配送，客户易于安排收货，配送机构也易于安排配送计划。

（2）定量配送

定量配送是指每次根据客户要求按固定数量进行配送。其特点是配送数量相对固定或稳定，时间要求不十分严格，备货工作相对简单，配送效率高、成本低，也有利于客户进行人力、物力的准备，提高收货效率。

（3）定时定量配送

定时定量配送是指按规定时间、规定品种的物品数量进行配送。这种配送方式兼有定时配送和定量配送的优点，服务质量好，但对配送中心的配送组织要求较高。

（4）定时定路线配送

定时定路线配送是指在规定的运行路线上制定到达时间表，按时间表进行配送。采用这种方式配送有利于企业依次对多用户实行配送，无须每次决定物品配装、配送路线、配车计划等，易于管理，配送成本较低，特别适合对小型商业集中区的商业企业进行配送。

（5）即时配送

即时配送指完全按用户提出的时间和物品品种数量要求，随时进行配送。其特点是以当天任务为目标，对临时性或急需物品进行配送，是难度最大、要求最高的一种配送类型。即时配送要求配送企业的配送资源相对富余。

2. 按配送物品的种类和数量进行分类

（1）单（少）品种大批量配送

单（少）品种大批量配送主要是指对制造业所需的品种少但需求量大的物品进行

的配送。其特点是配送工作简单、配送成本低廉。

（2）多品种小批量配送

多品种小批量配送是指对零售企业所需的品种多但批量小的物品进行的配送。其特点是除了配备良好的硬件外，还需要具有一流的业务操作水平和训练有素的管理人员。

（3）成套配套配送

成套配套配送是指针对装配型或流水线制造企业生产的需要，集合各种产品所有的零部件，按生产节奏定时定量进行的配送。其特点是适用于专业化生产和满足制造企业“零库存”的需要。

3. 按配送组织形式进行分类

（1）集中配送

集中配送是由专门从事配送业务的配送中心对多家客户开展的配送。集中配送的品种多、数量大，一次可同时对同一线路上几家客户进行配送，可与客户确定固定的配送关系，实行计划配送。

（2）分散配送

小量、零星物品或临时需要的配送业务一般由销售网点进行分散配送。销售网点具有分布广、数量多、服务面宽等特点，比较适合开展距离近、品种繁多而数量小的物资配送。

（3）共同配送

共同配送是指由多个企业联合组织实施的配送活动，体现的思想是资源共享。按组织形式不同，物流配送可以分为同产业间的共同配送、异产业间的共同配送，以及如零售商与批发商、批发商与供应商这种以流通渠道各环节成员间合作为基础的共同配送。

共同配送具体方式包括系统优化型共同配送（最佳、最理想的）、车辆利用型共同配送（最早、最易展开的，如车辆混载运送型共同配送、利用客户车辆型共同配送、返程车辆利用型共同配送等）、接货场地共享型共同配送，以及配送中心、机械等设施共同利用型共同配送。

4. 按配送专业化程度不同进行分类

（1）综合配送

综合配送是指配送物品种类较多，在一个配送网点中组织不同专业领域的产品向用户进行的配送。其优点是综合性较强，可以减少用户组织所需多种物资的进货负担，它们只需与少数配送企业联系，便可以解决多种配送需求。综合配送的局限性在于，由于产品性能、形状差别很大，组织配送时技术难度较大。因此，一般只对性能、形状相同或相近的不同类产品进行综合配送，差别过大的产品则难以实现综合配送。

（2）专业配送

专业配送是指按照产品的性质不同，适当划分专业领域的配送方式，如煤、水泥、金属材料和平板玻璃等的配送。专业配送的重要优势是可以根据产品的共同要求来优化配送设施、优选配送机械及配送车辆、制定适应性强的工艺流程等，从而大大提高配送各环节的运作效率。

5. 按经营形式不同进行分类

按经营形式不同，配送可分为销售配送、供应配送、销售—供应一体化配送、代存代供配送 4 种。

（1）销售配送即用配送方式进行销售，是扩大销售数量、扩大市场占有率、获得更多销售收益的重要方式。

（2）供应配送即用配送方式进行供应，是保证供应水平、提高供应能力、降低供应成本的重要方式。

（3）销售—供应一体化配送是配送经营中的重要形式，这种形式有利于形成稳定的供需关系，有利于采取先进的计划手段和技术手段，有利于保持流通渠道的畅通、稳定，因而受到人们的关注。

（4）代存代供配送在实施时不发生货物所有权的转移，配送企业只是客户的委托代理人，仅从代存、代送中获取利益，而不能获得货物销售的经营性收益。

6. 按配送主体不同进行分类

按配送主体不同，配送可分为配送中心配送、仓库配送、商店配送、生产企业配送 4 种。

三、配送合理化

配送活动各种成本之间经常存在着此消彼长的关系，配送合理化的一个基本思想就是“均衡”，从配送总成本的角度权衡得失，不求极限，但求均衡，均衡造就合理。

1. 配送不合理的表现形式

（1）经营观念不合理

在配送实施过程中，有许多时候由于经营观念不合理，使配送优势无从发挥，甚至损害了配送企业的形象。例如，配送企业在库存过大时，强迫客户接货，以缓解自

身的库存压力；资金紧张时，长期占用客户资金；资源紧张时，将客户委托资源挪作他用获利等。

（2）资源筹措不合理

配送的特点之一是通过大批量筹措资源，达到规模效益，降低资源筹措成本，使其低于客户自身筹措资源的成本，从而取得优势。如果不是集中多个用户批量筹措资源，仅仅为一两家企业代筹代办，对客户来说，就不仅不能降低资源筹措成本，反而要多支付一笔配送企业的代筹代办费，因此是不合理的。资源筹措不合理还有其他表现形式，如配送量计划不准、资源筹措过多或过少、筹措资源时未考虑与资源供应者之间建立长期稳定的供需关系等。

（3）库存决策不合理

在物品的品种及批量已经确定的情况下，配送企业进行库存决策时也会面临两难选择：库存水平过高，会增加配送环节的存货成本，抑制配送作用的发挥；库存水平过低，存货成本虽然能得到一定程度的节约，但配送可靠性会下降，可能导致客户停工待料，增加缺货成本，形成不合理配送。

（4）价格不合理

配送中心可充分发挥规模优势，通过集中采购获得较大的价格折扣，同时，大批量采购还可降低平均交易成本，增强配送企业的价格优势。如果配送企业在采购过程中计划或组织不当，影响配送规模效应的发挥，就会削弱其价格上的竞争力，导致配送不合理。此外，配送企业给客户的定价过高会造成客户不愿参与到配送系统中，而定价过低会造成配送企业无利或亏损，导致配送不合理。

（5）送货中运输不合理

配送过程中的运输方式、配送范围、运输路径选择不当也会导致配送不合理。例如，与客户自提比较，尤其对于多个小用户来讲，配送时可以集中配装一车送几家，大大节省运力和运费。如果不能利用此优势，车辆达不到满载（即时配送过多、过频时），则属于不合理配送。

（6）配送或直达运输的决策不合理

虽然配送有利于降低平均库存成本，减少供应链中的存货成本，但与直达供货模式相比，配送也增加了物流环节，提高了物流费用。当配送带来的利益不足以抵消它所增加的费用时，配送就失去了意义。事实上，对于批量特别大的物品，配送就不一定是明智的决策。从经济效果出发，在直达运输区域范围内进行配送或在配送可达区域范围内进行直达运输都是不合理的。

（7）资本经营不合理

在实施配送之后，如果用于资源筹措所占用的流动资金总量没有显著降低，资金周转速度没有明显加快，资金调控能力并没有加强，即可认为资本经营不合理。

2. 配送合理化的标志

判断配送合理与否是配送系统决策的重要内容，可以概括为以下几方面：

（1）库存标志

库存是判断配送合理与否的重要标志。其具体指标主要是库存总量和库存周转率。在实施配送后，配送中心库存数量加上各用户在实施配送后库存数量之和应低于实施配送之前各用户库存量之和，单个用户的库存量也应呈下降趋势。由于配送企业的调剂，以低库存保持高供应能力，库存周转率一般应高于原来各企业的库存周转率。

（2）资金标志

实施配送应有利于资金总量下降及资金运用的科学化，具体指标见表4—1。

表4—1　　配送合理化的资金标志

资金标志具体指标	配送合理化的标志
资金总量	下降
资金周转	加快
资金投向	集中

（3）供应保证标志

配送不但要考虑经济效益因素，而且应该强调客户服务质量，配送合理化的标志应包括提高客户供应保证能力。供应保证能力可从缺货次数、配送企业集中库存量、即时配送的能力和速度等方面判断。

（4）成本和效益标志

总效益、宏观效益、微观效益、资源筹措成本都是判断配送合理化的主要标志。对于配送企业而言，在满足用户需求的情况下，企业利润增加，说明配送的合理化程度高；对用户企业来说，在保证或提高供应水平的前提下，供应成本降低，说明配送的合理化程度高。

（5）社会运力节约标志

减少运能运力浪费、进行送货能力规划是任何配送中心都要花力气解决的问题，而其他问题有赖于配送及物流系统的合理化，判断起来较为复杂，可简化判断如下：社会车辆总数减少而承运量增加为合理，社会车辆空驶减少为合理，社会化运输增加为合理。

（6）用户企业人力、物力节约标志

配送的重要作用是以集中配送代替用户分散采购、储存，实现规模效应。因此，

实现配送后，各用户库存量、仓库面积、仓库管理人员减少为合理，用于订货、接货、供应的人员减少为合理。

（7）物流合理化标志

配送必须有利于物流合理化，这可以从以下几方面判断：是否降低物流费用，是否减少物流损失，是否加快物流速度，是否发挥各种物流方式的最优效果，是否有效衔接了干线和末端运输，是否不增加实际的物流中转次数，是否采用了先进的管理方法及技术手段。

3. 配送合理化的措施

配送合理化即迅速、及时、准确、安全、低成本地进行配送。配送合理化可从以下几方面来实现。

（1）优化配送作业程序

如果把配送中心作为企业经营的硬件基础，则作业程序就是企业管理的软件工具。对配送的作业程序进行改造，无疑会大大提高配送作业效率，减少采购、库存和日常调度的不合理，促进配送成本、配送质量和配送效益的合理化。

（2）重视配送先进技术的应用

配送中心应注重先进技术、设备的开发和引进。积极采用无人立体仓库，自动装卸机、自动分拣机、无人取货系统和搬运系统等自动化物流设施，为高效、快速、优质的配送服务提供技术基础。

（3）加强配送信息化建设

信息化建设对实现配送合理化有重要意义。在配送中心内部建立良好的信息处理系统，在配送中心与客户之间实现计算机联网，客户可以通过联网的计算机自动订货，生产厂家可随时查询，及时供货、补货。现代化的配送中心接到用户的订单后，在很短时间（24 h）内就可将大批物品准备好，仅2～3天就可把物品运送到数百千米以外用户指定的接货点。

（4）科学确定配送路线

路线合理与否对配送的速度、成本、效益影响颇大，因此，采用科学、合理的方法确定配送路线是配送合理化活动中非常重要的一项工作。

确定配送路线应遵循路线最短原则（最直观）、成本最低原则、利润最高原则、准确性原则和运力合理原则等。

（5）推行加工配送和送取结合

通过加工配送和送取结合，充分利用本来应有的中转而不增加新的中转，实现配送合理化。同时，加工借助于配送，使得加工的目的更明确，和用户联系更紧密，避免了盲目性。两者有机结合，投入增加不多，却可实现两个优势、两个效益，是配送合理化的重要手段。

（6）推行共同配送、准时配送和即时配送

推行共同配送可以最大限度地提高人员、金钱、物资、时间等物流资源的使用效率，取得最大效益。

准时配送是配送合理化的重要内容。配送做到准时，用户才可以放心地实施低库存或零库存，并保证供应能力。

作为计划配送的应急手段，即时配送是最终解决用户企业担心断供之忧、大幅度提高供应保证能力的重要手段，是配送企业快速反应能力的具体表现。即时配送成本虽然高，但它是配送合理化的重要保证手段。

（7）提高配送的可预见性

突发性配送任务不仅本身花费较高的成本，而且会经常打乱配送企业正常的工作程序，导致整个配送系统的混乱，间接地影响其他物品的配送成本，导致不合理配送大量出现。所以，配送业务经营者应加强实际业务中的计划工作，提高配送工作的可预见性，促进配送合理化程度的提高。

【做一做】

大型超市或快递企业的配送是怎样运作的？请现场调查大型超市或快递企业的配送情况，结合所学的知识，写一篇简单的调查报告，不少于600字。

第二节　配送中心

【引导案例】

得尔达物流中心设置在某市开发区的物流园区内，为周边工业园区的企业提供各种物流服务。它服务的企业中有一家大客户，是距离得尔达物流中心 7 km 之外的一家汽车部件生产企业，来回车程时间大约 40 min。得尔达物流中心为这家客户接收国内外供应商的货物并负责清关申报，根据客户的订单将所需货物配齐后定时发往客户工厂的码头，经过验收后由其工厂仓库人员直接送往指定的货物看板位置，配送货车送完货后再空车回到物流中心。

近来客户抱怨货车到达工厂不准时，还经常配错货。物流中心也发现配送货车配载率低，在配送量没有提高的情况下，配送频率却有增加，还不时带回客户认为发错的货物，配送费用因此上升。双方对账时也经常发现货账不符，不得不进行额外的临时盘点，消耗有限的人力资源，双方管理层决定对此进行调查，查出原因所在。

调查分析后发现，双方使用的物料系统不一致，致使数据传送和对账滞后。另外，工厂的生产订单经常因其客户需求而发生变动，生产线型号切换频繁，无法遵从先前的叫料法则，频繁紧急要料，致使物料响应时间短，配送供应跟不上。同时，因工厂没有场地存储切换后退回的物料，导致工厂码头拥挤不堪，到达货物和退回货物混杂堆放。物流中心由于人力固定，致使退回货物的清点和上架速度跟不上配送速度，导致退料和相关资料来不及入库和上传至物料系统，账目出现差错。因此，双方决定切换物料系统，统一使用得尔达物流中心的物料系统，重新商定叫料时间、配送速度、发车间隔和紧急配送等规则，改善以上存在的诸多问题。

思考：得尔达物流中心属于哪种类型的配送中心？针对遇到的问题，它还可以在哪些方面进行调整改进？

现代物流的概念已经超越了传统的诸如采购、运输、仓储等单一概念的范畴，进入了以现代信息化技术和管理为支持的一体化物流和供应链管理阶段，它贯穿了生产、流通和消费全过程。而配送中心（Distribution Center，简称“DC”）作为关键的物流节点，在物流系统中具有举足轻重的地位，起着十分重要的作用，配送中心的业务几乎涉及物流运作的方方面面。

一、配送中心的概念

国家标准《物流术语》（GB/T 18354—2006）将配送中心定义为从事配送业务且具有完善信息网络的场所或组织，应基本符合下列要求：主要为特定客户或末端客户提供服务，配送功能健全，辐射范围小，提供高频率、小批量、多批次的配送服务。

物流中心和配送中心都是在现代仓库的基础上发展、派生而来的。在国外，现代仓库实际上就是配送中心，三者都是自营或代客户保管和运输物品的场所，都有保管和保养物品的功能及其他相同的功能，只是程度、强弱不同。配送中心与现代仓库、物流中心的区别见表 4—2。

表 4—2　配送中心与现代仓库、物流中心的区别

	储存周期	现代化程度	反应速度
现代仓库	长	低	慢
配送中心	短	高	快
物流中心	短	高	快

二、配送中心的类型

1. 按配送对象不同进行分类

（1）专业化配送中心

专业化配送中心大体上有两层含义：一是配送对象、配送技术属于某一专业范畴，在某一专业范畴有一定的综合性，综合这一专业的多种物资进行配送；二是以配送为专业化职能，基本不从事经营。

（2）柔性化配送中心

柔性化配送中心不向固定化、专业化方向发展，而向能随时变化、对用户要求有很强适应性、不固定供需关系、不断发展配送用户和改变配送用户的方向发展。

2. 按承担的流通职能不同进行分类

（1）供应型配送中心

供应型配送中心是指专门为某个或某些用户（如联营商店、联合企业）组织供应的配送中心，如联华、苏果等超市的配送中心，以及代替零件加工厂送货的零件配送中心。

（2）销售型配送中心

销售型配送中心是以销售为目的、以配送为手段的配送中心。

3. 按辐射范围不同进行分类

（1）城市配送中心

城市配送中心是以城市为配送范围的配送中心。由于城市范围一般处于汽车运输的经济里程范围内，这种配送中心可直接配送到最终用户，且采用汽车进行配送。所以，这种配送中心往往与零售经营相结合，由于运距短，反应能力强，因此从事多品种、少批量、多用户的配送较有优势。例如，联想集团设在各地的仓库就属于城市配送中心。

（2）区域配送中心

区域配送中心是指以较强的辐射能力和库存准备向省（市）际、全国乃至国际范围的用户进行配送的配送中心。这种配送中心配送规模较大，一般而言，用户规模和配送批量也较大，而且，往往既配送给下一级的城市配送中心，也配送给营业所、商店、批发商和企业用户，虽然也从事零星的配送，但不是主体形式。区域配送中心在国外十分普遍，如日本阪神配送中心就属于这种类型。

4. 按内部特性不同进行分类

（1）储存型配送中心

这是我国最常见的一种配送中心，它有很强的储存功能。一般来讲，在买方市场下，企业成品销售需要有较大库存支持，其配送中心可能有较强储存功能；在卖方市场下，企业原材料、零部件供应需要有较大库存支持，其配送中心也有较强的储存功能。大范围配送的配送中心需要有较大库存，也可能是储存型配送中心。

（2）流通型配送中心

流通型配送中心基本上没有长期储存功能，仅以暂存或随进随出方式进行配货、送货。这种配送中心的典型方式是采用大型分货机，大量物品“整进”并按一定批量“零出”，进货时直接进入分货机传送带，分送到各用户单位或直接分送到配送汽车上，物品在配送中心里仅做短暂停留。例如，日本的阪神配送中心只有暂存功能，大量储存则依靠一个大型补给仓库。

（3）加工型配送中心

加工型配送中心的主要功能是加工、包装、转送，物品进入该中心后，经过简单加工再进行配送。我国一些城市已开展了配煤配送、水泥配送，配送中心对配煤、水泥进行了加工，这种配送中心就属于加工型配送中心。

【做一做】

配送中心的种类有哪些？请收集本地区几家配送中心的资料，分析这些配送中心分别属于哪种类型。

除以上几种，配送中心还有其他分类方法，表 4—3 所列为配送中心分类方法汇总。

表 4—3　　配送中心分类方法汇总

分类方法	种　类
按配送对象不同进行分类	专业化配送中心、柔性化配送中心
按承担的流通职能不同进行分类	供应型配送中心、销售型配送中心
按辐射范围不同进行分类	城市配送中心、区域配送中心、社区配送中心
按内部特性不同进行分类	储存型配送中心、流通型配送中心、加工型配送中心
按所处理或经营的物品种类不同进行分类	散装物品配送中心、原材料配送中心、件货配送中心、冷冻食品配送中心、特殊物品配送中心
按物流设施的归属和服务范围不同进行分类	自用型配送中心、公用型配送中心
按经济功能不同进行分类	供应型配送中心、销售型配送中心、储存型配送中心、流通型配送中心、加工型配送中心

三、配送中心的基本功能

配送中心是一种多功能、集约化的物流节点，通常应当具备以下八项基本功能。

1. 采购功能

配送中心应根据市场的供需变化情况，制订并及时调整统一、周全的采购计划，并由专门部门与人员组织实施。

2. 储存功能

配送中心的服务对象是为数众多的生产企业和商业网点（如连锁店和超级市场），需要按照用户的要求及时将各种配装好的物品送交到用户手中，满足生产和消费需要。因此，为了保证正常配送的需要，满足用户的随机需求，更好地发挥保障生产和消费需要的作用，通常配送中心都建有现代化的仓储设施，如仓库、堆场等，存储一定量的物品，作为配送的资源保证，如图 4—1 所示。

图 4—1　配送中心仓库内部

3. 集散功能

在物流实践中，配送中心拥有各种先进的设施和设备，能够凭借其特殊的地位将分散在各个生产企业的产品集中到一起，然后经过分拣、配装，向多家用户发运。同时，其他企业的物品也可以在该配送中心进行处理、发运，以提高配送车辆的满载率，降低成本。

4. 分拣功能

配送中心的客户彼此差别很大。因此，在订货或进货时，不同的客户对于物品的种类、规格、数量会提出不同的要求。针对这种情况，为了有效地进行配送，即为了同时向不同的用户配送多种物品，配送中心必须进行规模性分离、拣选，从而筛选出

所需的物品。分拣功能是配送中心与传统仓储企业的明显区别之一，这也是配送中心最重要的特征之一。

5. 加工功能

配送中心在配送过程中，为解决生产中大批量、少规格和消费中的小批量、多样化要求的矛盾，可以按照用户的不同要求对物品进行切割、分装、贴标签等加工活动后进行配送。加工功能是配送中心提高经济效益和服务水平的重要手段。

6. 衔接功能

配送中心的衔接功能主要表现在以下两个方面：

（1）连接生产领域和消费领域的空间距离。许多供应商制造的物品通过配送中心送达各用户。

（2）连接生产领域和消费领域的时间距离。由于物品的制造时间和消费时间不可能完全一致，因此客观存在供需矛盾，配送中心起到调节市场需求、平衡供求关系的作用，使供需双方实现了无缝连接。

7. 信息处理功能

配送中心也是信息中心，现代化的配送中心往往以现代化的信息处理手段为标志。完整的信息处理网络能有效地为整个流通过程的控制、决策和运转提供依据。无论在集货、储存、拣选、流通加工、分拣、配送等一系列物流环节的控制，还是在物流管理费用、成本结算方面，均可实现信息共享。信息化、网络化、自动化是配送中心的发展趋势，信息系统越来越成为配送中心的重要组成部分。

8. 资源回收功能

配送中心作业过程会产生许多可回收的资源，如拆箱更换包装后的纸箱、可使用的受挤压货品等，因此配送中心必须有资源回收功能，以降低环境污染，获得资源回收利益。

每个配送中心除具有这些基本功能外，还需有结算功能、需求预测功能、系统设计咨询功能、教育与培训功能等增值功能，以及运输功能、服务功能、管理功能等。每个配送中心一般都具有这些功能，对其中某一功能的重视配送程度不同，决定着该配送中心的性质，而且它的选址、房室构造、规模和设施等也随之变化。

四、配送中心的作业流程

配送中心的一般作业流程如图 4—2 所示。

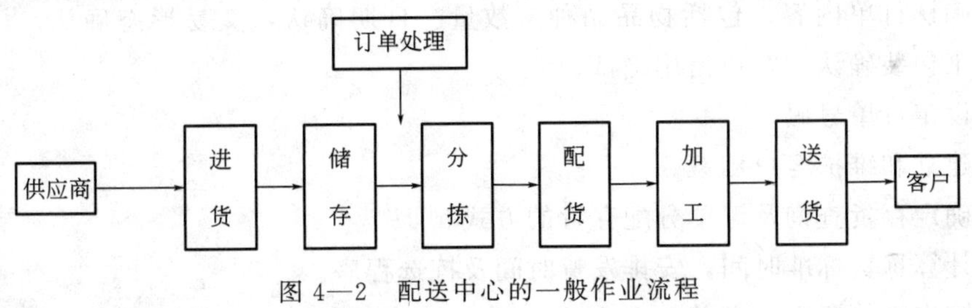

图 4—2　配送中心的一般作业流程

1. 进货

进货就是指配送中心根据客户的需要，为顺利实施配送业务而从事的组织物品货源和进行物品存储的一系列活动。进货是配送的准备工作或基础工作，它既是决定配送成败与否、规模大小的最基础环节，同时也是决定配送效益高低的关键环节。进货主要包括以下几个环节：

（1）订货

配送中心收到和汇总订单后，确定物品的种类和数量，然后通过信息系统查询物品库存情况。如果有现货，则转入分拣作业；如果没有现货或库存不足，或者库存量低于安全库存时，应及时向供应商订货。

（2）接货

接货前，配送中心应做好相应的人力、物力准备，接到物品后，要先在送货单上签收，继而准备对物品进行验收。

（3）验收

验收合格的物品即可转入下道工序，若检验发现物品不符合合同要求，配送中心应详细记载，并拒收物品。

2. 储存

经过验收的物品随即要按照类别、品种分门别类地存放到指定仓位或场地进行储存。为了保证配送活动的正常运行，或者为了享受价格优惠，有些配送中心常常大量进货，继而将货物储存起来。

3. 订单处理

从接到客户订单开始到着手准备拣货之间的作业阶段，称为订单处理。订单处理是与客户直接沟通的作业阶段，对后续的拣选作业、调度和配送将产生直接的影响，是其他各项作业的基础。配送中心接到客户订单以后，需要对订单加以处理，据以安排分拣、补货、配货、送货等作业环节。订单处理作业流程为：

（1）确认订单内容，包括物品品种、数量、日期确认，交易形态确认，订货价格确认，加工包装确认和客户信用确认。

（2）设定订单号码。

（3）建立和维护客户档案。

（4）确定存货查询及订单分配存货的方式。

（5）计算拣货标准时间，安排发货时间及拣选程序。

（6）输出订单资料，订单处理方式包括人工处理和计算机处理两种，目前主要采用计算机处理。

4. 分拣

分拣作业是依据顾客的订货要求或配送中心的送货计划，迅速、准确地将物品从其储位或其他区域拣取出来，并按一定的方式进行分类、集中，等待配装送货的作业过程。分拣是配送不同于一般形式的送货以及其他物流形式的重要的功能要素，是整个配送中心作业过程的核心内容。

5. 配货

配货是指使用各种拣选设备和传输装置，将存放的物品按客户的要求分拣出来并配备齐全，送入指定发货区。配货作业与分拣作业不可分割，二者一起构成了一项完整的作业，可达到按客户要求进行高水平送货的目的。

6. 加工

加工主要是根据客户的要求对物品进行初加工。加工作业属于增值性活动，能够完善配送中心的服务功能，不是所有配送中心都具备这一作业环节。

7. 送货

送货是指根据客户要求，在准确的时间和准确的地点把物品送到客户手中的作业。它是配送中心的最后一个作业环节，不仅包括配送运输，还要直接面对最终客户，因此必须保证送货人员的服务质量。

【想一想】

配送中心的规模越大越好吗？

五、配送中心选址和规模

配送中心的建设投资大、涉及面广，一旦建成就很难改变，如果规划出现失误，就很可能出现配送不合理的情况。因此，作为规划工作的一部分，经营者应充分、细致地进行服务对象普查、配送量预测、配送信息处理情况调查、进出货条件分析、物品保管研究等工作，综合考虑物流运输环节及城市基础设施条件，确定配送中心的选址和规模。

1. 配送中心选址原则

配送中心选址原则包括适应性原则、协调性原则、经济性原则、战略性原则。把配送中心建在各店铺分布的中央位置，使其到各店铺的距离总和最短，是最为简单的地点选址方式。例如，连锁店配送中心地点的选址标准是将货物运送至所有连锁分店所消耗的总成本最低。

2. 配送中心选址考虑的因素

配送中心选址主要考虑自然环境因素（如气象条件、地质条件、水文条件、地形条件等）、经济环境因素（如产业政策、主要物品的特性、客户分布、供应商分布、物流费用等）和基础设施状况（如道路、交通条件及公共设施状况）。

3. 配送中心规模

要根据物流量（吞吐量预测）确定配送中心单位面积作业量的定额和占地面积。

六、配送中心发展的新趋势

在信息化时代，随着物流管理的创新和新技术的不断发展，以网络技术和电子商务为代表的物流配送进入了新时代，现代物流配送的发展已经呈现出以下的新动向：

1. 信息化和标准化。这已经成为先进国家提高物流运作效率和效益、提高竞争力的必备手段。

2. 社会化。社会化的共同配送对降低物流成本具有重要意义。

3. 专业化。专业化导致第三方物流的快速发展，使企业将有限的资源集中于自己真正具有优势的领域。

4. 柔性化。柔性化为实现“以客户为中心”而提出，配送中心根据客户“多品种、小批量、多批次、短周期”的特点灵活组织和实施配送作业。

5. 多功能化。配送中心不仅提供仓储和运输服务，还开展各种提高附加值的流通加工服务，并可以按照客户的需求提供其他服务。

6. 环保化。配送中心从选址规划与决策开始就要贯穿绿色物流的理念，以规模作业方式提高资源利用率、减少环境污染、减少废弃物物流，实现资源的再使用、再利用。

思考练习题

1. 简述配送的特点。
2. 简述配送合理化的措施。
3. 简述配送中心的功能。
4. 画出配送中心一般作业流程图。
5. 简述配送中心的选址原则。

第五章　物流增值服务

物流增值服务是指在完成物流基本功能的基础上，根据客户需求提供的各种延伸业务活动。物流增值服务提供商根据货主的要求，在保证单一物流功能低成本运作的基础上，进行货物拆拼箱、重新贴签/重新包装、包装/分类/拼货/零部件配套、产品退货管理、组装/配件组装、测试和修理等服务。物流增值服务提供商把物流作为一个增值过程来管理，反映了为赢得并保持顾客满意而采取的有力行动，并在灵活性上做了额外的投入，特别是适应特殊的或非常规的需求。

第一节　商品包装

【引导案例】

SN 公司正在采取措施改进该公司的产品包装：他们不但遵循“减量化、再使用、再循环”的循环经济“3R”原则，而且还在替代使用上想办法，对产品包装进行改进。例如，该公司对大尺寸电视机的泡沫塑料（EPS）材料进行改进，采用八块小的 EPS 材料进行分割式包装来缓冲防震，减少了 40％的 EPS 使用；有的产品前面使用 EPS 材料，后面使用瓦楞纸板材料，外包装采用特殊形状的瓦楞纸板箱，以节约资源；另外，对小尺寸的电视机采用纸浆模塑材料替代原来的 EPS 材料作为缓冲包装。

结合上述 SN 公司采取的产品包装改进措施思考：包装如何帮助企业降低成本？从案例中能发现包装有哪些作用？

一、包装基础知识

1. 包装的定义

国家标准《包装术语》（GB/T 4122.1—2008）对包装的定义是：为在流通过程中

保护产品、方便储运、促进销售，按一定技术方法而采用的容器、材料及辅助物等的总体名称，也指为了达到上述目的而采用容器、材料和辅助物的过程中施加一定方法等的操作活动。

2. 包装在物流过程中的作用

在物流过程中，包装的作用主要体现在以下几个方面：

（1）保护货物

包装可以使货物在流通过程中免受日晒、风吹、雨淋、灰尘沾染等自然因素的侵袭，防止挥发、渗漏、溶化、玷污、碰撞、挤压、散失及盗窃等损失。这是包装最基本的功能。

（2）增加价值

合理的包装可以实现商品使用价值，并增加商品价值。

（3）方便流通

合理的包装能给流通环节的储、运、调、销带来方便，如装卸、盘点、码垛、发货、收货、转运、销售计数等。

（4）促进销售

成功的包装可以美化货物、吸引顾客，促进货物的销售。

3. 包装的分类

按照不同的标准，包装有不同的分类：

（1）按产品经营方式不同，包装可分为内销产品包装、出口产品包装、特殊产品包装等。

（2）按在流通过程中的作用不同，包装可分为单件包装、中包装、外包装等。

（3）按功能不同，包装可分为销售包装（见图 5—1）、储藏包装、运输包装（见图 5—2）等。

图 5—1　销售包装

图 5—2　运输包装

（4）按使用次数不同，包装可分为一次用包装、多次用包装、周转包装等。

（5）按产品种类不同，包装可分为食品包装、药品包装、机电产品设备包装、危险品包装等。

（6）按技术方法不同，包装可分为防震包装、防湿包装、防锈包装、防霉包装等。

（7）按材料不同，包装可分为纸制品包装、塑料制品包装、金属包装、竹木器包装、玻璃容器包装、复合材料包装等。

二、包装技术与装备

1. 包装机械装备概述

（1）充填机械

充填机械是将精确数量的产品充填到各种包装容器中的机械，它适用于包装粉状、颗粒状的固态货物。

（2）灌装机械

灌装机械的类型繁多，但主要由包装容器供送装置、灌装物料供送装置、灌装阀三部分组成。

（3）封口机械

封口机械的作用主要是在包装容器内盛装产品后，为了使产品得以密封保存，保持产品质量，避免产品流失，对容器进行封口。

（4）裹包机械

裹包机械的作用是用一层或者多层柔性材料包覆产品或包装件。

（5）贴标机械

贴标机械的作用是用黏合剂把纸或金属箔标签粘贴在规定的包装容器上。

（6）捆扎机械

捆扎机械的作用是用捆扎带捆扎包装件，完成捆扎作业。

（7）集装机械

集装机械的作用是将若干产品或产品经过包装后的包装件包装在一起，形成一个合适的搬运单元。

2. 常用包装技术

（1）充气包装

充气包装是采用二氧化碳或氮气等不活泼气体置换包装容器中空气的一种包装技术方法，因此也称为气体置换包装，如图 5—3 所示。这种包装方法根据好氧性微生物

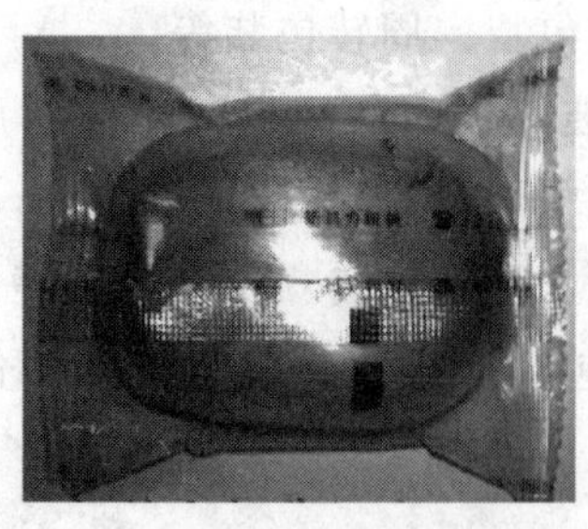

图 5—3　充气包装

需氧代谢的特性，在密封的包装容器中改变气体的组成成分，降低氧气的浓度，抑制微生物的生理活动、酶的活性和鲜活货物的呼吸强度，达到防霉、防腐和保鲜的目的。

（2）真空包装

真空包装是将货物装入气密性容器后，在容器封口之前抽真空，使密封后的容器内基本没有空气的一种包装方法，如图 5—4 所示。一般的肉类货物、谷物加工货物以及某些容易氧化变质的货物都可以采用真空包装，真空包装不但可以避免或减少脂肪氧化，而且抑制了某些霉菌和细菌的生长。

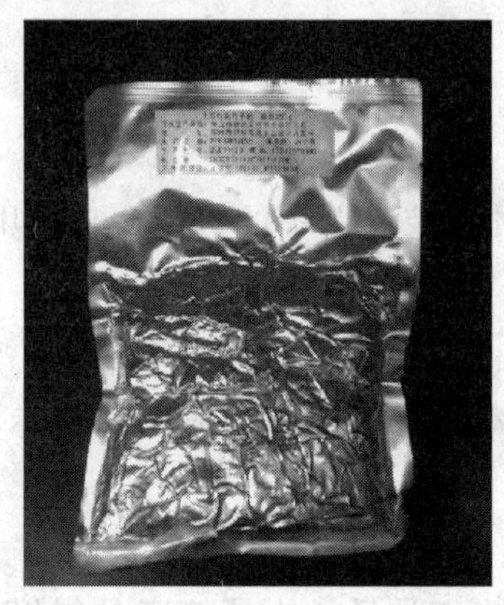

图 5—4　真空包装

（3）收缩包装

收缩包装就是用收缩薄膜裹包货物（或内包装件），然后对薄膜进行适当加热处理，使薄膜收缩而紧贴于货物（或内包装件）的包装技术方法，如图 5—5 所示。收缩力在薄膜冷却阶段达到最大值，并能长期保持。

图 5—5　收缩包装

（4）拉伸包装

拉伸包装是由收缩包装发展而来的，是依靠机械装置在常温下将弹性薄膜围绕被包装件拉伸、紧裹，并在其末端进行封合的一种包装方法，如图 5—6 所示。由于拉伸包装不需进行加热，所以消耗的能源只有收缩包装的 1/20。

（5）脱氧包装

脱氧包装是继真空包装和充气包装之后出现的一种新型除氧包装方法，如图 5—7 所示。脱氧包装是在密封的包装容器中，使用能与氧气起化学作用的脱氧剂与之反应，从而除去包装容器中的氧气，达到保护内装物的目的。

图 5—6 拉伸包装

图 5—7 脱氧包装

3. 包装技术的发展方向

包装技术的发展方向见表 5—1。

表 5—1 包装技术的发展方向

包装技术名称	发展方向
包装固化技术	固化与干燥能源在更新，从热能转向光能
包装切割成型技术	新型切割与成型器械
包装与加工结合技术	包装与加工相结合
包装功能借用技术	包装功能超出包装范畴，对物品有增值作用
包装功能保护技术	在包装材料中加入保鲜、杀菌、防潮、防静电、防异味等功能性成分

【知识链接】

货物包装标准化的内容

1. 包装材料标准化

包装材料主要有纸张、塑料、金属、木材、玻璃、纤维织物等。货物包装材料应尽量选择标准材料，少用或不用非标准材料，以保证材料质量和来源的稳定。

2. 包装容器标准化

包装容器的外形尺寸与运输车辆的内部尺寸和包装货物所占的有效仓库容积有关。为了节约包装材料和便于搬运、堆码，一般情况下，包装容器的长与宽之比为 3∶2，高与长相等。

3. 包装工艺标准化

凡是包装箱、桶等，必须规定内装商品数量、排列顺序、衬垫材料，并防止包装箱、桶内空隙太大，使商品发生移动。

【想一想】

1. 为什么要实行包装标准化？

2. 在物流过程中，实现包装标准化有什么意义？

三、集装单元化技术与装备

1. 集装单元化概述

（1）集装单元化的定义

国家标准《物流术语》（GB/T 18354—2006）对集装单元的定义是：用专门器具盛放或捆扎处理的，便于装卸、搬运、储存、运输的标准规格的单元货件物品。所谓集装单元，是用各种不同的方法和器具，把有包装或无包装的货物整齐地汇集成一个扩大了的、便于装卸和搬运并在整个物流过程中保持一定形状的作业单元。以这样的集装单元来组织物资的装卸、搬运、存储、运输等物流活动的作业方式称为集装单元化作业，简称集装单元化。集装单元化作业的内容包括集装单元化包装、集装单元化搬运、集装单元化运输、集装单元化储存。

（2）集装单元化的优点

1）集包装、装卸、搬运、运输、储存为一个系统，统筹规划、综合考虑，可以简化环节、节省费用、总体优化，见表 5—2。

表 5—2　　集装单元化可达到的效果

物流作业环节	集装单元化可达到的效果
运输	联运（减少交接、装卸、搬运手续）
储存	以箱盘代储
包装	简化包装、节省包装材料和费用
装卸	整体装卸

2）便于实现装卸搬运作业机械化，减轻工人劳动强度，提高工作效率。

3）减少货物变换环节，从而减少因变换而造成的货损货差，提高物流质量，节约人力、物力和费用。

4）减少了受气候影响的程度，保证正常工作，加速物资流转，提高效率。

（3）现代化物流对集装单元的要求

现代化物流对集装单元的要求是单元化（计量）、一体化（从头到尾、厂内、厂外）、通用化（多种物料用同一种容器）、机械化搬运（符合尺寸链、结构上保证）、立体化存储（同自动化、立体化的设备密切配合）、符合人机工程学要求（使用安全、方便、合理，降低相关劳动强度）、安全（有合适的强度和刚度，保护物料品质）、成本适宜（选择恰当的材料、使用恰当的结构形式、通过恰当的加工工艺、通过恰当的经销通路）、空间利用率高（折叠、拆卸组合式），以及满足现代化生产方式、生产工艺和环保的要求。

2. 托盘

（1）托盘的定义

国家标准《物流术语》（GB/T 18354—2006）对托盘的定义是：在运输、搬运和存储过程中，将物品规整为货物单元时，作为承载面并包括承载面上辅助结构件的装置。

图 5—8　托盘与叉车配合使用

托盘现已广泛应用于生产、运输、仓储和流通等领域，被认为是 20 世纪物流产业中两大关键性创新之一。托盘作为物流运作过程中重要的装卸、储存和运输设备，常与叉车配合使用（见图 5—8），在现代物流中发挥着巨大的作用。

托盘给现代物流业带来的效益主要体现在：可以实现货物包装的单元化、规范化和标准化，保护货物，方便物流和商流。

（2）托盘的类型

目前常用的托盘有平托盘、柱式托盘、箱式托盘、轮式托盘、特种专用托盘、滑板托盘、植绒托盘等，如图 5—9～图 5—15 所示。

图 5—9　平托盘

图 5—10　柱式托盘

图 5—11　箱式托盘

图 5—12　轮式托盘

图 5—13 特种专用托盘

图 5—14 滑板托盘

图 5—15 植绒托盘

(3) 目前我国托盘发展过程中存在的问题

1) 使用方式落后，不能完全发挥托盘的优点。托盘本身是为配合高效物流而诞生的一种单元化物流器具，是贯穿现代物流系统各个环节的连接点。但是在实际使用中，由于规格不统一，托盘常常不能在物流作业链中流通使用，仅局限于企业内部使用。

2) 受托盘周转方式的制约，流通过程成本过高。绝大多数企业的托盘都是在企业内部周转，从而使企业的产品经过多次人工搬运装卸，极大地降低了工作效率，相应增加了产品的流通成本，从而降低了产品在市场中的竞争力。

3) 难以与国际规格接轨。由于目前我国托盘的规格标准不统一，因此我国的托盘使用不能与国际运输器具如国际通用的集装箱等相匹配。企业为了能适应相关的国际运输工具，不得不向托盘生产企业订购与本企业周转使用规格不一致的托盘，从而增加了企业的出口成本，降低了产品的国际竞争力。

3. 集装单元化技术与装备——集装箱

集装箱是专供包装使用并便于机械操作和运输的大型货物容器。因其外形像一个箱子，又可以集装成组进行运输，故称“集装箱”，有的地方也称为“货箱”或“货柜”。集装箱是用铝、钢、胶合板、玻璃钢或这些材料混合制成的，具有一定的强度和刚度，密封性能好。集装箱放在船上是货舱，放在火车上是车皮，放在卡车上是车厢。

(1) 集装箱的定义

国家标准《物流术语》(GB/T 18354—2006) 对集装箱的定义是：具有足够的强度，可长期反复使用的适于多种运输工具而且容积在 1 m^3 以上（含 1 m^3）的集装单元器具。

使用集装箱转运货物，可直接在发货人的仓库装货，运到收货人的仓库卸货，中途更换车、船时，无须将货物从箱内取出换装，能够让一个载重几十吨的庞然大物实现标准化，并且以此为基础逐步实现全球范围内的船舶、港口、航线、公路、中转站、桥梁、隧道、多式联运相配套的物流系统。

（2）集装箱包装的特点

1）集装箱具有抵抗风雨、避光、抗震的特点，用集装箱运输货物能够最大限度地减少货损。货物装入集装箱后，在整个运输过程中不再取出，减少了装卸搬运的次数，就大大减少了货损、货差。所以，对于质量要求高的货物，集装箱包装有特别重要的意义。

2）集装箱包装可以整箱搬运，极大地方便了运输和装船、卸船，缩短货物在途时间，降低物流成本。许多包装和运输活动都是基于时间而展开竞争，流通时间短是企业的核心竞争要素，货物在途时间短，可以缩短货物转化为资金的时间周期，降低生产企业的资金成本。

3）集装箱包装使用的铅封号码是唯一的，所以货物一般不会发生丢失、被窃的现象。

4）保温冷藏集装箱能够对许多鲜活货物进行长时间的保鲜，这是其他包装方式无法实现的。

5）集装箱包装可以节省包装费用。散装货物集装箱化后，货物自身的包装强度可减弱，包装费用可以降低。

有关集装箱的知识详见本书第六章第二节。

4. 集装包装机械的选用原则

（1）袋集装机一般采用韧性包装材料，用于大型半散装货物的周转。

（2）拉伸薄膜集装机应用范围较广，可以包装不同高度、长度和宽度的货物。薄膜成本较低，经济实用。

（3）集装箱集装可以对被包装货物进行可靠的保护，能有效防止货损、货差、偷盗，保证运输的安全，特别适用于贵重、易碎、怕潮的高档货物。

（4）托盘集装机可以根据需要改变形状和用法，对机械化装卸、运输具有很好的适应性和灵活性。许多货物可直接堆放在托盘上并整理成同样形状和大小的集装单元，便于流通。

（5）集装机器人智能化程度高，工作效率显著。

（6）装箱机所包装货物的种类繁多，装箱形式也多种多样，可根据所包装的货物类型如塑料瓶、玻璃瓶、易拉罐、袋、块状物等，以及需要的包装速度进行选择。

（7）堆码机主要用于集装和仓储，堆码后，货物便于运输和储存。

第二节　流通加工

【引导案例】

阿迪达斯公司在美国有一家超级市场，设立了组合式鞋店，摆放的不是做好的成品鞋，而是做鞋用的半成品，款式花色多样，有多种鞋跟和鞋底，鞋面的颜色以黑、白为主，搭带的颜色有80种，款式有百余种，顾客可任意挑选自己所喜欢的各个部位，交给工作人员当场进行组合。只要几分钟，一双崭新的鞋便可完成。这家鞋店工作人员技术熟练，鞋子的售价与成批制造的价格差不多，有的还稍便宜些，所以顾客络绎不绝，销售额比邻近的鞋店多10倍。

结合上述阿迪达斯公司的做法，请思考：流通加工如何促进销售？从案例中能发现流通加工有哪些作用？

一、流通加工概述

1. 流通加工的概念

国家标准《物流术语》（GB/T 18354—2006）对流通加工的定义是：根据顾客的需要，在流通过程中对产品实施的简单加工作业活动（如包装、分割、计量、分拣、刷标志、拴标签、组装等）的总称。

流通加工通过改变或完善流通对象的形态来实现“桥梁”和“纽带”的作用，是流通中的一种特殊形式。随着经济增长，国民收入增多，消费者的需求出现多样化，促使在流通领域开展流通加工业务。目前，世界上许多国家和地区的物流中心或仓库经营中都大量存在流通加工业务，在日本、美国等物流发达国家则更为普遍。

2. 流通加工与生产加工的区别

在加工方法、加工组织、生产管理方面，流通加工与生产加工并无显著区别，但在加工对象、加工程度方面差别较大，其差别主要为：

（1）流通加工的对象是进入流通过程的商品，也就是产成品，它具有商品的属性，以此来区别多环节生产加工中的一环。而生产加工的对象不是最终产品，而是原材料、零配件、半成品。

（2）流通加工大多是简单加工，而不是复杂加工。一般来讲，如果必须进行复杂加工才能形成人们所需的商品，那么，这种复杂加工应专设生产加工过程。生产过程理应完成大部分加工活动，流通加工对生产加工则是一种辅助和补充。特别需要指出的是，流通加工绝不是对生产加工的取消或代替。

（3）从价值观点看，生产加工的目的在于创造价值及使用价值，而流通加工的目的在于完善其使用价值，并在不做大改变的情况下提高价值。

（4）流通加工的组织者是从事流通工作的人，能密切结合流通的需要进行这种加工活动。从加工单位来看，流通加工由商业或物流企业完成，而生产加工则由生产企业完成。

（5）商品生产是为交换或消费而进行的生产，流通加工的一个重要目的是消费（或再生产）所进行的加工，这一点与商品生产有共同之处。但是流通加工有时候是以自身流通为目的，纯粹是为流通创造条件的。从目的来讲，这种为流通所进行的加工与直接为消费进行的加工是有区别的，这又是流通加工不同于一般生产加工的特殊之处。

3. 流通加工的类型

（1）为适应多样化需要的流通加工

生产部门为了实现高效率、大批量的生产，其产品往往不能完全满足用户的要求。这样，为了满足用户对产品多样化的需要，同时又要保证高效率的大生产，可将生产出来的单一化、标准化的产品进行多样化的改制加工。例如，钢材卷板的舒展、剪切，平板玻璃按需要规格进行开片，木材改制成枕木、板材、方材等。

（2）为方便消费、省力的流通加工

这种流通加工是指根据下游生产的需要，将货物加工成生产直接可用的状态。例如，根据需要将钢材定尺、定型，按要求下料；将木材制成可直接投入使用的各种型材；将水泥制成混凝土拌合料，使用时只需稍加搅拌即可；为了方便消费者，将肉统一搅拌成肉馅等。

（3）为保护产品所进行的流通加工

在物流过程中，为了保护货物的使用价值，延长货物在生产和使用期间的寿命，防止货物在运输、储存、装卸、搬运等过程中遭受损失，可以采取稳固、改装、保鲜、冷冻、涂油等方式。例如，水产品、肉类、蛋类的冷冻加工、防腐加工，丝、麻、棉织品的防虫、防霉加工，为防止金属材料锈蚀而进行的喷漆、涂防锈油，木材的防腐朽、防干裂加工，煤炭的防高温自燃加工，以及水泥的防潮、防湿加工等。

（4）为弥补生产领域加工不足的流通加工

由于受到各种因素的限制，许多产品在生产领域只能加工到一定程度，而不能完全实现彻底的加工。例如，木材如果在产地完成成材加工或制成木制品，就会给运输带来极大的困难，所以，在生产领域只能加工到圆木、板、方材，进一步的下料、切

裁、处理等加工则由流通加工完成；钢铁厂大规模的生产只能按规格进行，以使产品有较强的通用性，从而使生产能有较高的效率，取得较好的效益。

（5）为促进销售的流通加工

流通加工也可以起到促进销售的作用。例如，将过大包装或散装货物分装成适合销售的小包装的分装加工；将以保护货物为主的运输包装改换成以促进销售为主的销售包装，起到吸引消费者、促进销售的作用；将蔬菜洗净（见图 5—16）或将肉类切块，以满足消费者要求等。

（6）为提高加工效率的流通加工

许多生产企业的初级加工由于产品数量有限，导致加工效率不高。而流通加工以集中加工的形式，解决了单个企业加工效率不高的问题。它以一家流通加工企业的集中加工代替了若干家生产企业的初级加工，使生产水平有一定的提高。

（7）为提高物流效率、降低损失的流通加工

有些货物本身的形态难以进行物流操作，而且货物在运输、装卸搬运过程中极易受损，因此需要进行适当的流通加工加以弥补，从而使物流各环节易于操作，提高物流效率，降低物流损失。例如，造纸用的木材磨成木屑，可以极大地提高运输工具的装载效率；自行车在消费地区进行装配（见图 5—17），可以提高运输效率，减少损失；石油气液化使很难输送的气态货物转变为容易输送的液态货物，也可以提高物流效率。

图 5—16　经过清洗的蔬菜

图 5—17　自行车在消费地区进行装配

（8）为衔接不同运输方式的流通加工

在干线运输和支线运输的结点设置流通加工环节，可以有效解决大批量、低成本、长距离的干线运输与多品种、小批量、多批次的末端运输和集货运输之间的衔接问题。在流通加工点与大生产企业间形成大批量、定点运输的渠道，以流通加工中心为核心，组织对多个用户的配送，也可以在流通加工点将运输包装转换为销售包装，从而有效衔接不同目的的运输方式。例如，在散装水泥中转仓库把散装水泥装袋、将大规模散装水泥转化为小规模散装水泥，就衔接了水泥厂大批量运输和工地小批量装运的需要。

(9) 生产—流通一体化的流通加工

依靠生产企业和流通企业的联合，或者生产企业涉足流通，或者流通企业涉足生产，形成的对生产与流通加工进行合理分工、合理规划、合理组织，统筹进行生产与流通加工的安排，就是生产—流通一体化的流通加工形式。这种形式可以促成产品结构及产业结构的调整，充分发挥企业集团的经济技术优势，是目前流通加工领域的新形式。

(10) 为实施配送进行的流通加工

这种流通加工形式是配送中心为了实现配送活动、满足客户的需要而对物资进行的加工。例如，混凝土搅拌车可以根据客户的要求，把沙子、水泥、石子、水等各种不同材料按比例要求装入可旋转的罐中，在配送路途中，汽车边行驶边搅拌，到达施工现场后，混凝土已经均匀搅拌好，可以直接投入使用了。

4. 流通加工的作用

(1) 提高原材料利用率

通过流通加工进行集中下料，将生产厂商直接运来的简单规格的货物按用户的要求进行下料。例如，将钢板进行剪板、裁切，将木材加工成各种长度及大小的板材等。集中下料可以优材优用、小材大用、合理套裁，明显地提高原材料的利用率，有很好的技术经济效果。

(2) 方便用户

一些用量小的用户不具备进行高效率初级加工的能力，流通加工可以省去这些用户进行初级加工的投资、设备、人力，方便了用户。目前发展较快的初级加工有将水泥加工成生混凝土，将原木或板材加工成门窗，以及钢板预处理、整形等。

(3) 提高加工效率及设备利用率

在分散加工的情况下，加工设备由于生产周期和生产节奏的限制，设备利用率时高时低，使得加工过程不均衡，设备加工能力不能得到充分发挥。而流通加工面向全社会，加工数量大，加工范围广，加工任务多，可以通过建立集中加工点，采用一些效率高、技术先进、加工量大的专门机具和设备，一方面提高了加工效率和加工质量，另一方面也提高了设备利用率。

二、生产资料的流通加工

根据流通加工的对象不同，生产资料的流通加工可分为水泥流通加工、玻璃流通加工、金属流通加工、木材流通加工等，相应设备分别如图 5—18、图 5—19、图 5—20 和图 5—21 所示。

图 5—18 水泥搅拌车

图 5—19 自动全能型玻璃切割机

图 5—20 金属切割机

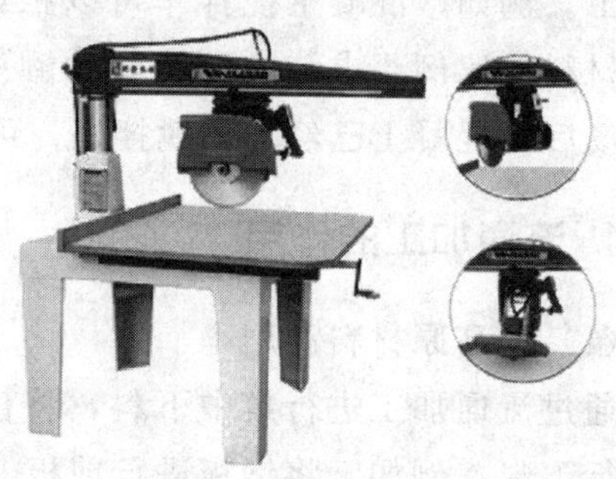

图 5—21 万能摇臂式木工圆锯机

1. 水泥流通加工

（1）输送水泥的熟料在使用地磨制水泥的流通加工

在需要长途调入水泥的地区，变调入成品水泥为调进熟料这种半成品，在该地区的流通加工点（粉碎工厂）粉碎，并根据当地资源和需要掺入混合材料及外加剂，制成不同品种及标号的水泥，供应当地用户，这是水泥流通加工的重要形式之一。

（2）集中搅拌供应货物混凝土

以往习惯以粉状水泥供给用户，由用户在建筑工地现制现拌混凝土使用。而现在将粉状水泥输送到使用地区的流通加工点（集中搅拌混凝土工厂或生混凝土工厂），在那里搅拌成生混凝土，然后供给各个工地或小型构件厂使用。这是水泥流通加工的另一种重要方式。它具有很好的技术经济效果，受到许多工业发达国家的重视。

2. 玻璃流通加工

平板玻璃的“集中套裁、开片供应”是重要的流通加工方式。这种方式是在城镇中设立若干个玻璃套裁中心，按用户提供的图纸统一开片，供应用户成品。在此基础上，可以逐渐形成从工厂到套裁中心的稳定、高效率、大规模的平板玻璃“干线输送”，以及从套裁中心到用户的小批量、多户头的“二次输送”的现代物流模式。

3. 金属流通加工

热连轧钢板和钢带、热厚钢板等板材最大交货长度常可达 7～12 m，有的是成卷交货。对于使用钢板的用户来说，大、中型企业由于消耗量大，可设专门的剪板及下料加工设备，按生产需要剪板、下料。但对于使用量不大的企业和多数中、小型企业来讲，单独设置剪板、下料的设备会导致设备闲置时间长、人员浪费大、不容易采用先进方法。钢板的剪板及下料加工可以有效地解决上述弊病。

剪板加工是在固定地点设置剪板机，下料加工是设置各种切割设备，将大规格钢板裁小，或裁切成毛坯，便利用户。

4. 木材流通加工

(1) 磨制木屑压缩输送

这是一种为了提高流通（运输）效益的加工方法。木材密度小，往往使车船满装但不满载，同时，装车、捆扎也比较困难。从林区外送的原木中，有相当一部分是造纸材料。美国采取在林木生产地就地将原木磨成木屑然后压缩的方法，使之成为密度较大、容易装运的形状，然后运至靠近消费地的造纸企业，取得了较好的效果，比直接运送原木节约一半的运费。

(2) 集中开木下料

在流通加工点将原木锯裁成各种规格的锯材，同时将碎木、碎屑集中加工成各种规格的板材，甚至还可进行打眼、凿孔等初级加工。用户直接使用原木，不但加工复杂、加工场地大、设备多，而且资源浪费大，木材平均利用率不到 50%，平均出材率不到 40%。实行集中下料，按用户要求供应规格下料，可以使木材利用率提高到 95%，出材率提高到 72%左右，有相当好的经济效果。

三、生鲜食品的流通加工

生鲜食品的流通加工形式包括冷冻加工、分选加工、精制加工和分装加工。

1. 冷冻加工

为解决鲜肉、鲜鱼在流通中保鲜及搬运、装卸的问题，可采取低温冻结方式进行加工，这种方式称为冷冻加工，如图 5—22 所示。冷冻加工也用于某些液体货物、药品等。

2. 分选加工

农副产品较离散，为获得一定规格的产品，可采取人工或机械分选的方式加工，称分选加工。这种方式广泛用于果类、瓜类、谷物、棉毛原料等，如图 5—23 所示。

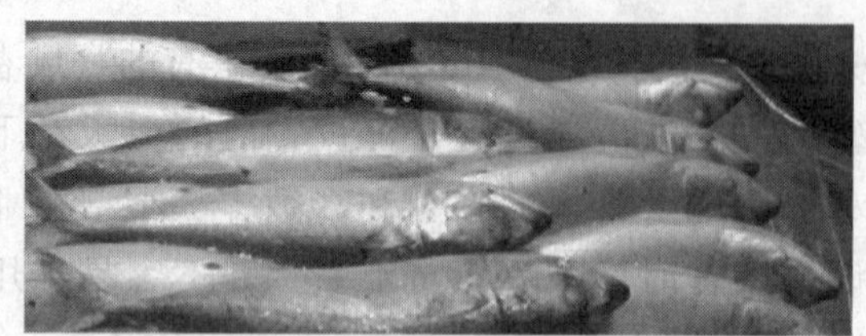

图 5—22　冷冻加工

图 5—23　分选加工

3. 精制加工

精制加工针对农、牧、副、渔等产品，是在产地或销售地设置加工点去除无用部分，甚至可以进行切分、洗净、分装等加工，如图 5—24 所示。这种加工不但大大方便了购买者，而且还可对加工的淘汰物进行综合利用。例如，鱼类的精制加工所剔除的内脏可以制某些药物或饲料，鱼鳞可以制高级黏合剂，鱼头、鱼尾可以制鱼粉等；蔬菜的加工剩余物可以制饲料、肥料等。

4. 分装加工

许多生鲜食品零售起点较小，而为了保证高效输送出厂，包装一般比较大，也有一些是采用集装运输方式运达销售地区。为了便于销售，常在销售地区按所要求的零售起点进行重新包装，即大包装改小包装、散装改小包装、运输包装改销售包装，以满足消费者对不同包装规格的需求，从而达到促进销售的目的，如图 5—25 所示。

图 5—24　精制加工

图 5—25　分装加工

此外，半成品加工、快餐食品加工也成为流通加工的组成部分。这种加工形式节约了运输等物流成本，保护了货物质量，增加了货物的附加价值。例如，葡萄酒是液体，从产地批量地将原液运至消费地装瓶、贴商标、包装后出售，既可以节约运费，又安全保险，以较低的成本卖出较高的价格，附加值大幅度增加。

第三节 其他物流增值服务

【引导案例】

FC物流公司成立于2015年1月，该公司以技术驱动发展，建立了大规模、现代化、分布式的智能仓配物流系统，专注为境内电子商务和跨境电子商务提供“一站式的电子商务运营服务解决方案”，为新零售企业提供最强大的供应链支持。公司旗下拥有五大区域物流基地、四个跨境电子商务物流中心和七个跨境电子商务海外物流中心。公司为客户提供的物流增值服务如图5—26所示。

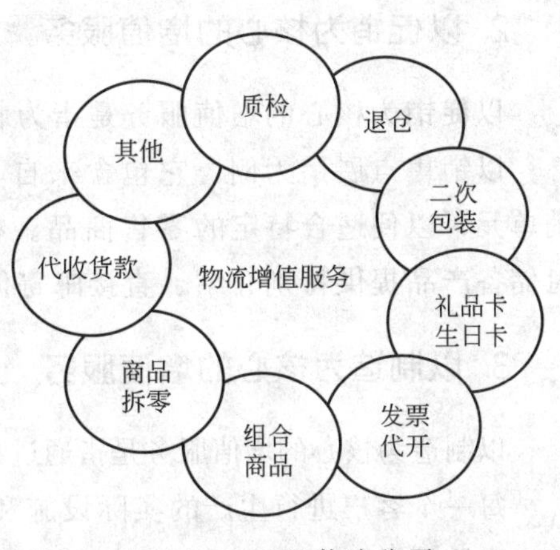

图5—26 FC物流公司的物流增值服务

结合FC公司提供的物流增值服务，思考：物流企业如何通过提供增值服务更好地服务客户？除以上列举的增值服务之外，还有哪些物流增值服务？

物流增值服务是指在完成物流基础任务的前提下，根据客户需要提供的各种延伸业务活动，以及为客户提供的其他服务性项目。近年来，我国物流企业的数量在逐年增长，虽然企业比较多，但从网络、功能、管理、服务、业绩等方面综合评估，真正实力雄厚、具有竞争力的物流企业并不是很多。随着国内物流市场的日趋成熟，物流企业的基本服务项目盈利空间日渐缩小，几乎接近完全竞争状态。物流企业靠资产、设施、关系来立足和竞争的时代已经过去，必须树立新的标杆，转向为客户提供增值服务，以提升企业的品牌知名度和核心竞争力。因此，物流企业应跨越单一、基本的物流服务，因地制宜地发展适合客户需求的物流增值服务，这样不仅能够满足日益增长的客户需求，还能降低物流企业的运营成本，为企业带来新的利润空间。

一、物流增值服务的领域

1. 以顾客为核心的增值服务

以顾客为核心的增值服务是指由物流企业提供的、以满足买卖双方对于配送产品的要求为目的的各种可供选择的服务。

例如，美国某物流企业开发了独特的服务系统，专门为批发商配送某食品公司的快餐食品，这种配送方式不同于传统的配送服务。这些增值服务的内容包括处理客户向制造商的订货、直接送货到商店或客户家，以及按照零售商的需要及时、持续地补充送货。这类专门化的增值服务可以被有效地用来支持新产品的引入，以及基于当地市场的季节性配送。

2. 以促销为核心的增值服务

以促销为核心的增值服务是指为刺激销售而提供的各种配套服务。

以销售点展销为例，它包含来自不同供应商的多种产品，组合成一个多结点的展销单元，以便适合特定的零售商品。在许多情况下，以促销为核心的增值服务还包括对储备产品提供特别介绍、直接邮寄促销、销售点广告宣传和促销材料的物流支持等。

3. 以制造为核心的增值服务

以制造为核心的增值服务是指通过独特的产品分类和递送来支持制造活动的物流服务。

每一个客户进行生产的实际设施和制造装备都是独特的，在理想状态下，配送和内向物流的材料和部件应进行定制。例如，有的企业将外科手术的成套器具按需要进行装配，以满足特定医师的要求；有的企业切割和安装各种长度和尺寸的软管，以适合个别客户所使用的不同规格的水泵。这些活动在物流系统中都是由专业人员承担的。这些专业人员能够在客户的订单发生时对产品进行最后定型，利用的是物流的时间延迟。

4. 以时间为核心的增值服务

以时间为核心的增值服务主要是指使用专业人员在递送以前对存货进行分类、组合和排序。

以时间为核心的增值服务之一就是准时化。在准时化概念下，供应商先把商品送进工厂附近的仓库，当需求产生时，仓库就会对由多家供应商提供的产品重新进行分类、排序，然后送到配送线上。以时间为核心的增值服务的主要特征就是排除不必要的仓库设施和重复劳动，以便能最大限度地提高服务速度。

二、物流增值服务的内容

1. 增加便利性的服务

一切能够简化手续、简化操作的服务都是增值性服务，简化是相对于客户而言的，并不是说服务的内容简化了，而是指为了获得某种服务，以前需要客户自己做的一些事情现在由物流企业代劳，而且更加方便，这当然增加了商品或服务的价值。例如，在提供物流服务时，推行一条龙门到门服务、提供完备的操作或作业提示、免费培训和维护、省力化设计或安装、代办业务、24 小时营业、物流全过程追踪等，都是对客户有用的增值性服务。

2. 加快反应速度的服务

快速反应是指物流企业面对多品种、小批量的买方市场，不是储备了“产品”，而是准备了各种要素，在客户提出要求时，能以最快速度抽取要素，及时“组装”，提供客户所需服务或产品。

快速反应已经成为物流发展的动力之一。传统观点和做法将加快反应速度变成单纯对快速运输的要求，而现代物流的观点却认为，可以通过两条途径使物流过程变快：第一种方法是提高运输基础设施和设备的效率，如修建高速公路、铁路提速、制定新的交通管理办法、将汽车本身的行驶速度提高等，这是一种速度的保障；第二种办法，也是具有重大推广价值的增值性物流服务方案，即优化配送中心、物流中心网络，重新设计适合客户的流通渠道，以此来减少物流环节，简化物流过程，提高物流系统的快速反应能力。

3. 降低成本的服务

通过提供增值物流服务，寻找能够降低物流成本的解决方案。可以考虑的方案包括：采用第三方物流服务商；采取物流共同化计划；同时，可以通过采用比较适用但投资较少的物流技术和设施设备，或推行物流管理技术，如运筹学中的管理技术、单品管理技术、条形码技术和信息技术等，提高物流的效率和效益，降低物流成本。

4. 延伸服务

运用计算机管理的思想，物流增值服务向上可以延伸到市场调查与预测、采购及订单处理，向下可以延伸到物流咨询、物流系统设计、物流方案规划与选择、库存控制决策建议、货款回收与结算、教育与培训等。以结算功能为例，物流结算不仅仅只是物流费用的结算，在从事代理、配送的情况下，物流企业还要替货主向收货人结算货款。

三、物流增值服务的主要类型

创新、超出常规、满足客户需要是物流增值服务的本质特征。目前我国物流企业已有的增值服务包括以下几种类型。

1. 承运人型增值服务

承运货物运输的快运企业、集装箱运输企业最适宜从事此类增值服务。例如：从收货到递送的货物全程追踪服务；电话预约当天收货；车辆租赁服务；对时间敏感产品提供快速、可靠的服务（含相关记录报告）；对温度敏感产品提供快速、可靠的服务，如冷藏、冷冻运输（含相关记录报告）；配合产品制造或装配的零部件、在制品及时交付；被客户退回商品的回收运输服务；运输设备的清洁或消毒等卫生服务；信誉好的承运人甚至可以为客户提供承运人评估选择和运输合同管理等服务。

2. 仓储型增值服务

拥有大型仓储设施的仓储物流企业可以考虑下列增值服务：材料及零部件的到货检验；材料及零部件的安装制造；提供全天候收货和发货窗口；配合客户营销计划进行制成品的重新包装和组合，如不同产品捆绑促销时提供商品的再包装服务；满足客户销售需要而提供的成品标记服务，如为商品打价格标签或条形码，对于超市型客户而言，这种服务很有市场；商品退回后的存放及协助处理追踪服务；为食品、药品类客户提供低温冷藏服务，建立缓冲仓库，并保证先进先出。仓储型增值服务可以最大限度地方便商家，是一项前景很好的增值服务。

3. 货运代理型增值服务

货运代理型增值服务包括：订舱、租船、包机、包舱、托运、仓储、包装服务；货物的监装、装卸、集装箱拼装拆箱、分拨、中转及相关的短途运输服务；报关、报验、报检、保险；内向运输与外向运输的组合；为企业进行货运代理设计，即为托运人安排最经济、快捷、安全的运输路线和选择最佳的运输方式；为客户进行货运代理咨询；为货运委托人提供情报信息，包括产品流通信息和市场信息反馈，订货量、库存量动态控制与管理等；为客户提供在线追踪采购订单、集装箱服务；利用订单号、订单计划编号、集装箱号、进仓编号等关键字段对有关货物信息进行跟踪；为客户提供电子商务平台。由于先进信息技术尤其是互联网技术的广泛应用，国际货运代理企业可以在自身条件允许的情况下，提供网上电子合同、网上打印提单、网上订舱、网上支付运费、网上库存管理、网上供应链管理等增值服务。

4. 配送型增值服务

以结算功能为例，从事代理、配送的情况下，物流中心还可替货主向收货人结算货款等。再以需求预测功能为例，物流中心可根据商品进货、出货信息预测未来一段时间内的商品进出库量，进而预测市场对商品的需求，然后将市场信息反馈给客户。

还有物流系统设计咨询功能和物流教育与培训功能，通过向货主提供物流培训，提高货主的物流管理水平，还可以将物流配送中心经营管理者的需求传达给货主，也便于确立物流作业标准。此外，物流中心还可以组建客户服务响应中心，通过电话、传真、互联网等方式方便、迅速地解决用户遇到的技术问题，为其提供个性化的服务。

5. 信息型增值服务

以信息技术为优势的物流服务商可以把信息技术融入物流作业安排中，例如：向供应商下订单，并提供相关财务报告；接受客户的订单，并提供相关财务报告；利用对数据的积累和整理，对客户的需求预测提供咨询支持；运用网络技术向客户提供在线数据查询和帮助服务。

四、物流增值服务发展趋势

物流服务在中国处于发展的初级阶段，但是经过了近几年的发展，物流服务的方式逐步由传统的、单一功能的物流开始向现代物流的方向转变。受到市场需求的推动，客户对物流服务的要求越来越高，倾向于寻求既能降低成本又能增强物流服务功能的专业物流服务。物流服务需求向更高水平的物流增值服务方向发展，并呈现出如下趋势。

1. 物流增值服务的变化性

物流环境因外部激烈的竞争而不断改变，很多物流服务的提供者都倾向于以较低的成本增强物流服务的功能。制造商和零售商都在持续不断寻找能提供创新物流服务的物流服务商，以保证生产、仓储、运输和配送的成本都能降低。

2. 物流增值服务需求向优质化和全球化发展

随着消费多样化、生产柔性化、流通高效化时代的到来，社会和客户对物流服务的要求越来越高，物流服务的优质化是物流今后发展的重要趋势。物流服务的全球化是物流今后发展的另一重要趋势。许多大型制造企业正在朝着“扩展企业”的方向发展，基本上包括了全球供应链条上所有的服务商，并利用最新的计算机体系进行控制。

3. 物流增值服务的综合性

从国外来看，物流增值服务起源于竞争激烈的信件和包裹快递业务，现在则在整个物流行业全面展开。事实上，无论是海运、空运还是陆运，几乎所有和物流运输业有关的企业都在想方设法地提供增值服务。跨国快递企业中的中外运敦豪（DHL）和

联合包裹（UPS）都已经开始选择为客户提供一站式服务，它们的服务涵盖了一件产品从采购到制造、仓储入库、外包装、配送、回返及再循环的全过程。由这些巨头们领跑的快递业已不再是简单的门到门、户到户的货件运送，而是集电子商务、物流、金融、保险、代理等于一身的综合性行业。

物流市场的竞争已经由单纯的价格竞争走向服务质量和服务层次的全面竞争。物流企业要在当前竞争激烈的市场上占有一席之地，增值服务将成为影响物流企业经营成败的重要因素。

物流增值服务是物流行业发展成熟的标志之一，随着国内物流市场的发展趋向成熟，物流企业只提供基础服务的时代已经过去。为客户提供增值服务，提升企业的品牌知名度和核心竞争力，已经成为我国物流企业发展的必由之路。对我国物流企业来说，只有掌握先进的物流理念，提高物流综合服务水平，才能更好地参与市场竞争，提供更多更好的增值服务。

思考练习题

1. 包装具有哪些作用？
2. 包装技术的发展方向是什么？
3. 集装单元化具有哪些优点？
4. 流通加工有哪些作用？
5. 生鲜食品的流通加工有哪些形式？
6. 物流增值服务主要体现在哪些领域？
7. 物流增值服务有哪些种类？

第六章　装卸搬运

装卸搬运是物流活动得以进行的必要条件，在全部物流活动中占有重要地位，发挥着重要作用，可以说，装卸搬运工作是否顺利开展，直接影响到物流的质量、效率、安全、成本。集装箱装卸是装卸搬运中的一种常见方式，也是现行最快捷、安全、经济的装卸搬运方式之一。

第一节　装卸搬运概述

【引导案例】

在一个完整的物流运作过程中，装卸搬运是必不可少的重要环节，其出现次数往往多于物流的其他元素。一方面，装卸搬运的作业时间比较长，有统计表明，当铁路运距低于 500 km 时，装卸时间将超过实际运输时间，美日两国间的远洋运输往返 25 天，其中 12 天为装卸时间；另一方面，装卸搬运环节需要消耗大量的人力、物力、财力，在物流总成本中占相当大的比例，由生产物流统计可知，企业每生产 1 t 成品需进行 252 吨次的装卸搬运，其成本为加工成本的 15.5%。因此，在目前的运输组织下，装卸搬运是连接物流各环节的桥梁，所占时间约为整个物流作业过程的 50%，成本约占物流总成本的 25%。无论考虑时间还是成本，装卸搬运效率都是物流总效率的关键，有效提高装卸搬运效率、优化装卸搬运作业流程，对整个物流过程至关重要。

思考：从装卸搬运的环节入手，如何有效提高搬卸装运的效率？

一、装卸搬运的内涵

1. 装卸搬运的概念

国家标准《物流术语》（GB/T 18354—2006）对装卸的定义是：物品在指定地点以人

力或机械载入或卸出运输工具的作业过程。搬运是指在同一场所内，对物品进行空间移动的作业过程。装卸搬运是指在一定的区域内（通常指某一个物流结点，如车站、码头、仓库等），以改变货物的存放状态和空间位置为主要内容的活动。它是伴随运输和保管而产生的物流活动，是对运输、保管、包装、流通加工、配送等物流活动进行衔接的中间环节。

在整个物流活动中，如果强调存放状态的改变时，一般用“装卸”一词表示；如果强调空间位置的改变时，常用“搬运”一词表示，两者全称为装卸搬运。有时候单称“装卸”或“搬运”也包含了“装卸搬运”的完整含义。

搬运的“运”不同于运输的“运”，搬运是在同一地域的小范围内发生的，而运输则是在较大范围内发生的，两者中间并无一个绝对的界限。

装卸活动的基本动作包括装车（船）、卸车（船）、堆垛、入库、出库，以及连接上述各项动作的短程输送，是随运输和保管等活动而产生的必要活动。

2. 装卸搬运的地位

物流的各环节和同一环节不同活动之间，都必须进行装卸搬运作业。装卸搬运活动将物流活动的各个阶段连接起来，成为连续的流动过程。在生产企业物流中，装卸搬运是各生产工序间连接的纽带，它是从原材料、设备等的装卸搬运开始，至产品装卸搬运为止的连续作业过程。在流通物流中，装卸搬运是生产企业、仓储单位、消费者等环节间的纽带。

在物流过程中，装卸活动是不断出现和反复进行的，它出现的频率高于其他各项物流活动，每次装卸活动都要花费很长时间，所以往往成为决定物流速度的关键因素。

装卸活动所消耗的人力也很多，所以装卸费用在物流成本中所占的比重也较高。以我国为例，铁路运输始发和到达的装卸作业费占运费的20%左右，水路运输始发和到达的装卸作业费占运费的40%左右。因此，装卸是个重要环节。此外，进行装卸操作时往往需要接触货物，这是在物流过程中造成货物破损、散失、损耗的主要环节。例如，袋装水泥纸袋破损和水泥散失主要发生在装卸过程中，玻璃、机械、器皿、煤炭等产品在装卸时最容易造成损失。

3. 装卸搬运的特点

（1）装卸搬运是附属性、伴生性活动

装卸搬运是物流中每一项活动开始及结束时必然发生的活动，有时是其他操作时不可缺少的组成部分。通常所说的“汽车运输”实际包含了相随的装卸搬运，仓库中泛指的保管活动也包含装卸搬运活动。

（2）装卸搬运是支持性、保障性活动

装卸搬运的附属性不能理解成被动的，实际上，装卸搬运对其他物流活动有一定的决定性，会影响其他物流活动的质量和速度。例如，装车不当会引起运输过程中的损失，卸放不当会给货物的后续流程造成困难。

（3）装卸搬运是衔接性活动

不同物流活动互相过渡时，都是以装卸搬运来衔接的，因此，装卸搬运往往成为整个物流的“瓶颈”，是物流各功能之间能否形成有机联系和紧密衔接的关键。建立一个有效的物流系统，关键看这一衔接是否有效。比较先进的系统物流方式——联合运输就是为解决这种衔接问题而产生的。

二、装卸搬运的分类

1. 按作业对象进行分类

（1）单件作业法

单件作业法即逐件装卸搬运货物。在由人力完成装卸搬运任务的情况下，这种方式采用得非常普遍。即便采用机械作业，长、大、粗、重的货物也要采用单件作业法，如图 6—1 所示。

图 6—1　单件作业法

（2）集装作业法

集装作业法即将货物集零为整后再进行装卸搬运，包括集装箱作业法、托盘作业法、货捆作业法、挂车作业法、网袋作业法等，如图 6—2 和图 6—3 所示。

图 6—2　托盘作业法

图 6—3　网袋作业法

（3）散装作业法

散装作业法即针对煤炭、矿石、粮食等块、粒、粉状散装货物的装卸搬运方法，通常包括气力输送作业法、重力作业法、倾翻作业法、机械作业法等。其中气力输送装卸的主要设备是管道及气力输送设备，以气力运动裹挟分装，粒状物沿管道运动而达到装、搬、卸的目的，也可采用负压抽取方法使散货沿管道运动。重力装卸是利用散货本身的重力进行装卸的方法，一般要与其他方法配合使用。

2. 按照装卸搬运施行的物流设施、设备分类

（1）仓库装卸搬运

仓库装卸搬运主要配合出库、入库、维护保养等活动进行，并且以堆垛、上架、取货等操作为主。

（2）铁路装卸搬运

铁路装卸搬运是对火车车皮的装进及卸出，特点是一次作业就需实现一车皮的装进或卸出，很少有像仓库装卸时出现的整装零卸或零装整卸的情况。

（3）港口装卸搬运

港口装卸搬运包括码头前沿的装船，也包括后方的支持性装卸搬运，有的港口还采用小船在码头与大船之间“过驳”的办法，因而其装卸搬运的流程较为复杂，往往经过几次的装卸搬运作业才能最后实现船与陆地之间货物过渡的目的。

（4）汽车装卸搬运

汽车装卸搬运一般一次装卸批量不大，由于汽车具有灵活性，可以减少或根本省去搬运活动，而直接、单纯利用装卸作业达到汽车与物流设施之间货物过渡的目的。

3. 按被装物的主要运动形式分类

按被装物的主要运动形式不同，装卸搬运可分为垂直装卸搬运和水平装卸搬运两种形式。

4. 按装卸搬运的机械及机械作业方式分类

按装卸搬运的机械及机械作业方式不同，装卸搬运可分为使用吊车的“吊上吊下”方式，使用叉车的“叉上叉下”方式，使用滚装船的“滚上滚下”方式，以及“移上移下”方式和“散装散卸”方式。

（1）“吊上吊下”方式

这种方式采用各种起重机械从货物上部起吊，依靠起吊装置的垂直移动实现装卸，并在吊车运行的范围内或回转的范围内实现搬运或依靠搬运车辆实现小搬运。由于吊起及放下属于垂直运动，这种装卸方式属于垂直装卸搬运方式。

(2)“叉上叉下”方式

这种方式采用叉车从货物底部托起货物，并依靠叉车的运动进行货物位移，搬运完全靠叉车本身，货物可不经中途落地直接放置到目的处。这种方式垂直运动不大，主要是水平运动，属于水平装卸搬运方式。

(3)“滚上滚下”方式

这种方式主要指利用滚装船和滚装码头的配套设备，汽车及运载货物一起开上船，经过滚装船运输，到达目的地后，整车连同货物从船上开下。

(4)“移上移下”方式

这种方式是使两车之间（如火车和汽车之间）进行靠接，可利用各种方法，使货物从一辆车上移动到另一辆车上。该方式作业时常需配合移动工具。

(5)“散装散卸”方式

这种方式是指对散装物进行装卸，一般从装点直到卸点，中间不再落地。这是集装卸与搬运于一体的装卸方式。

5. 按装卸搬运的作业特点分类

(1) 连续装卸搬运

连续装卸搬运主要是指同种大批量散装或小件杂货通过连续输送机械，连续不断地进行作业，中间无停顿，货物间无间隔。在装卸量较大、装卸对象固定、货物对象不易形成大包装的情况下适用此方式。

(2) 间歇装卸搬运

间歇装卸搬运有较强的机动性，装卸地点在较大范围内变动，主要适用于货流不固定的各种货物，尤其适用于包装货物、大件货物，散装货物也可采用此方式。

三、装卸搬运机械

装卸搬运机械是指用来搬移、升降、装卸及短距离输送货物的机械。它是重要的物流机械设备，是进行装卸搬运作业的物质基础。

1. 装卸搬运机械的选择依据

(1) 货物特性及流量

装卸搬运机械的选择应考虑货物自身的特点。例如，散装货物利用带式输送机进行装卸搬运比较方便；托盘等包装货物利用叉车进行装卸搬运比较合算；大型集装箱货物应利用专用集装箱起重机械进行装卸搬运作业。

为完成某项轻量级的装卸搬运任务而购买价格昂贵的重量级机械设备是不合算的，在购买之前一定要确认机械设备能够得到充分的利用。

（2）成本因素

选择装卸搬运机械要考虑成本因素。在效率相同的情况下，尽可能选择性价比较高、日常维护费用较低的设备。有些企业片面追求设备的先进性，而不考虑成本因素，造成效率低下。在选择设备时，不但要考虑一次性购置成本，还要考虑使用寿命、性能及日常维护费用。日常维护费用包括操作及维修人员工资、燃料及动力费用、配件费用、润滑费用等。有些设备虽然购置成本不高，使用寿命也较长，但由于日常维护费用高昂，也不宜选择。

（3）设备之间的配套性

企业为开展装卸搬运活动而选用各种设备，应注意系统性原则，确保各种设备之间的有效衔接和配套，提高运行的综合效果。有些装卸搬运机械虽然独立运行的效率较高，但却难以和其他设备进行有效配套，也不适合选用。为了保证设备之间的配套，应尽量选择标准化的设备。

（4）工作环境

工作场所是露天还是室内，通道是否宽敞，是否存在对人体有害的污染及其他特殊的要求，都关系到设备的选择。例如，在污染较严重的环境下作业，应采用自动化的装卸搬运设备；在高层立体仓库下作业，就应采用堆垛起重机完成取送、堆垛、分拣等工作；在大型港口、码头对集装箱进行装卸搬运，就应选择专用的集装箱起重机进行装卸作业。

（5）设备的可操作性

有些设备需要经过专业培训的人员进行操作，而这些人员又是企业所缺乏的，引进也存在一定的困难，所以这样的设备也不宜选择。

2. 装卸搬运机械的特点

装卸搬运机械的性能和作业效率对整个物流过程的作业效率影响很大，其主要特点如下：

（1）适用性强

由于装卸搬运作业受货物品类、作业时间、作业环境等影响较大，装卸搬运活动各具特点，要求装卸搬运机械具有较强的适应性，能在各种环境下正常工作。

（2）工作能力强

装卸搬运机械起重能力强，起重范围大，生产作业效率高，具有很强的装卸搬运作业能力，可大大减轻劳动强度。

（3）机动性较差

大部分装卸搬运机械都在设施内完成装卸搬运任务，只有个别装卸搬运机械可在设施外作业。

3. 装卸搬运机械的分类

目前，装卸搬运机械的分类方法很多，主要分类方法见表6—1。

表6—1　装卸搬运机械的分类方法

分类依据	按主要用途或结构特征分类	按作业性质分类	按装卸搬运货物的种类分类	按自动化程度分类
类别	起重机械、连续运输机械、装卸车辆、专用装卸搬运机械	装卸机械、搬运机械、装卸搬运机械	长大笨重货物装卸搬运机械、散装货物装卸搬运机械、成件包装货物装卸搬运机械、集装箱货物装卸搬运机械	机械化设备、半自动化设备、自动化设备、信息引导设备

此外，装卸搬运机械还可按用途不同，分为单件作业法用装卸搬运设备、集装作业法用装卸搬运设备、散装作业法用装卸搬运设备三大类。

4. 主要装卸搬运机械简介

(1) 叉车

叉车是具有各种叉具，能够对货物进行升降、移动和装卸作业的搬运车辆。叉车具有一副水平伸出的叉臂，叉臂可做上、下移动，并能携带货物进行水平和垂直方向的移动，因此叉车具有装载货物的功能。由于在堆码、卸货作业和搬运、移动作业两方面都十分灵活便利，叉车成为目前使用最广泛的装卸搬运机械。叉车的类型很多，使用时应根据货物的特征、货架的高度、库区的通道宽度合理选取。叉车的常见分类见表6—2。

表6—2　叉车的常见分类

分类依据	类　别	备　注
动力方式	发动机式叉车	汽油机式叉车、柴油机式叉车、液化石油气式叉车
	电动叉车	以蓄电池为能源
	手动式叉车	
特性及功能	平衡重式叉车（见图6—4）	自重大、轮距大、行走稳定，转弯半径大
	前移式叉车（见图6—5）	自重轻，转弯半径小，对地面要求高
	侧叉式叉车	作业不必转弯，有利于装卸搬运长尺寸货物
承载能力	0.5～40 t叉车	0.5 t、0.75 t、1.0 t、1.5 t、2.0 t、3.0 t、4.0 t、5.0 t、8.0 t、10 t、12 t、15 t、16 t、25 t、40 t等

图 6—4　平衡重式叉车

图 6—5　前移式叉车

发动机式叉车又称内燃叉车，分为普通内燃叉车、重型叉车、集装箱叉车和侧面叉车等。普通内燃叉车一般采用柴油、汽油、液化石油气或天然气为动力，承载能力为 1.2～8.0 t，作业通道宽度一般为 3.5～5.0 m，通常用在室外、车间或其他对尾气排放和噪声没有特殊要求的场所。发动机式叉车燃料补充方便，因此可实现长时间的连续作业，而且能在恶劣的环境下（如雨天）工作。

电动叉车以电动机为动力源，以蓄电池为能源，承载能力为 1.0～8.0 t，作业通道宽度一般为 3.5～5.0 m。电动叉车没有污染、噪声小，广泛应用于室内操作和其他对环境要求较高的工况，如医药、食品等行业。随着人们对环境保护的日益重视，电动叉车正在逐步取代发动机式叉车。由于电动叉车每组电池一般在工作约 8 h 后需要充电，因此采用多班制时需要配备备用电池。

手动式叉车无须外加动力，使用、维护简便，但起重量较小。

平衡重式叉车的车体前方装有升降货叉，车体尾部装有平衡重块，用以保证的车身的稳定。

前移式叉车的门架或货叉架可以前后移动。门架前移式叉车作业时门架带动货叉前移，伸出到前轮之外叉取或放下货物，行走时货叉带货物收回，使货物重心在支撑面内。货叉前移式叉车作业时，货叉架带动货叉前移至前轮之外，行走时货叉架带动货叉缩回到支撑平面内。

侧叉式叉车的起重架位于叉车两侧，可将货叉从侧面伸出来装卸货物。

(2) 起重机械

起重机械是一种循环、间歇运动式机械，用来垂直升降货物或兼水平移动货物，以满足货物的装卸、搬运、转载等作业要求。起重机械按综合特征不同，可分为轻小型起重设备、升降机、桥式类起重机、臂架类起重机和堆垛类起重机等几类。

轻小型起重设备主要包括起重滑车、吊具、千斤顶、手拉葫芦（见图 6—6）、电动葫芦（见图 6—7）和绞车等，大多体积小、重量轻、使用方便。除电动葫芦和绞车外，绝大多数轻小型起重设备用人力驱动，适用于工作不繁重的场合。它们既可以单独使用，也可作为起重机的起升机构。有些轻小型起重设备的起重能力很大，如液压千斤顶的起重量可达 750 t。

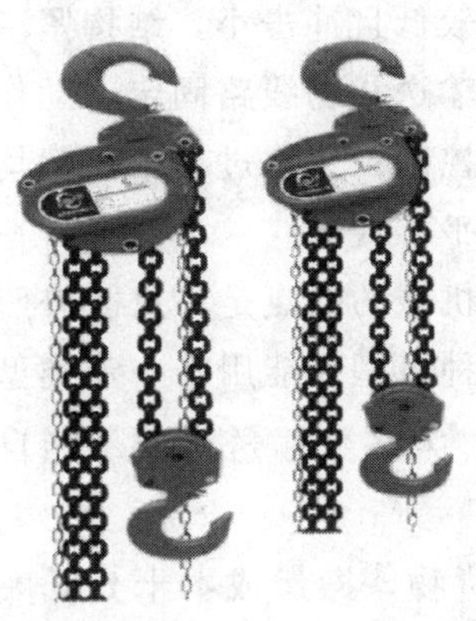

图 6—6 手拉葫芦

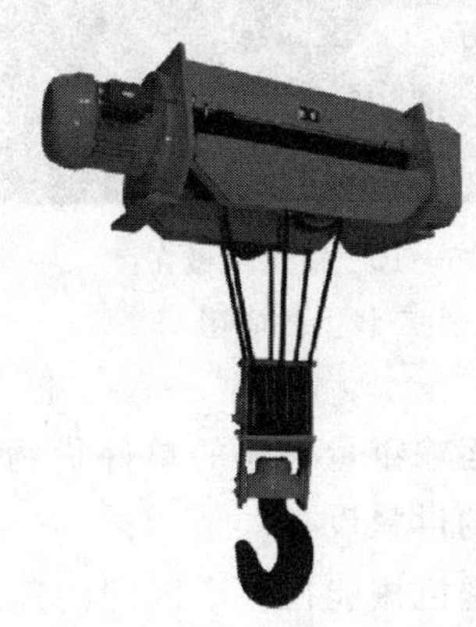

图 6—7 电动葫芦

升降机主要做垂直或近于垂直的升降运动，具有固定的升降路线，包括电梯、升降台、矿井提升机和料斗升降机等。起重机是在一定范围内垂直提升并水平搬运重物的多动作起重机械。架空单轨系统具有刚性吊挂轨道所形成的线路，能把物料运输到厂房各部分，也可扩展到厂房的外部。台面可伸缩式液压升降机如图 6—8 所示，桥式起重机如图 6—9 所示。

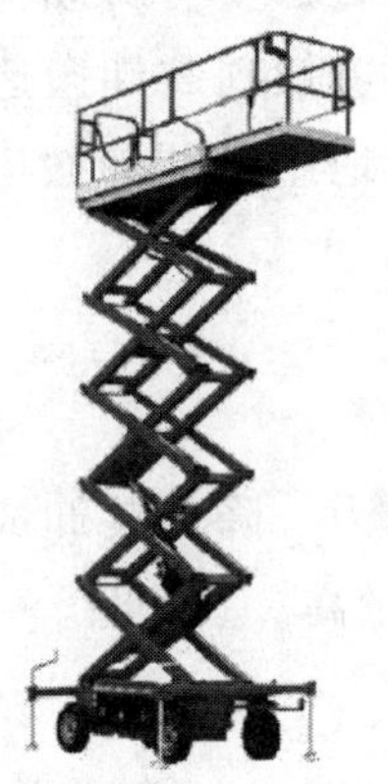

图 6—8 台面可伸缩式液压升降机

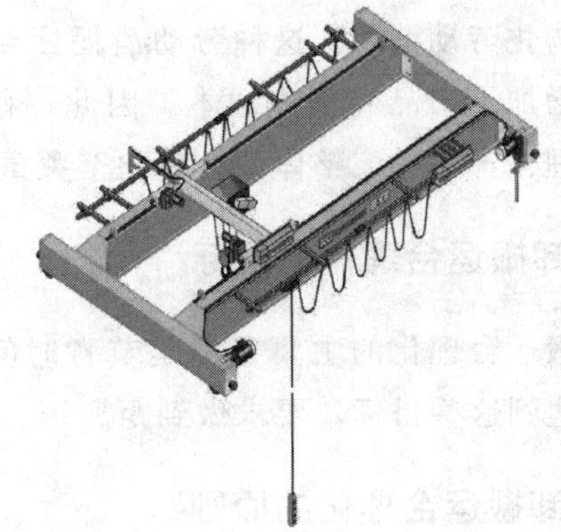

图 6—9 桥式起重机

(3) 输送机械

输送机械也称连续运输机械，是以连续的方式沿着一定的线路从装货点到卸货点均匀输送货物和成件包装货物的机械，包括辊式、轮式、带式、链式、悬挂式等各种输送机，如图 6—10 所示。

与起重机械相比，输送机械的优点是：可以沿着一定的线路不停地输送货物，可

图 6—10　输送机械在生产线上的应用

采用较高的速度运行，且速度稳定；具有较高的生产率；在同样的生产率下，自重轻，外形尺寸小，成本低，驱动功率小；传动机械的零部件负荷较低且冲击小，结构紧凑，制造和维修容易；输送货物线路固定，动作单一，便于实现自动控制；工作过程中负载均匀，所消耗的功率几乎不变。

输送机械的缺点是：只能按照一定的路线输送，每种机型只能用于一定类型的货物，一般不适用于运输重量很大的单件货物，通用性差；大多数输送机械不能自行取货，需要采用一定的供料设备。

由于输送机械能在一个区间内连续搬运大量货物，搬运成本十分低廉，搬运时间比较准确，货流稳定，因此广泛用于现代物流系统中，成为机械化、连续化、自动化流水作业运输线中不可缺少的组成部分。

四、装卸搬运合理化

装卸搬运只能改变劳动对象的空间位置，而不能改变劳动对象的性质和形态，即不能提高也不能增加劳动对象的使用价值。但装卸搬运必然要有劳动消耗，包括活劳动消耗和物化劳动消耗。这种劳动消耗量要以价值形态追加到装卸搬运对象的价值中去，从而增加了产品和物流成本。因此，科学地、合理地组织装卸搬运作业，实现装卸搬运合理化，对物流整体的合理化至关重要。

1. 装卸搬运合理化的目标

装卸搬运合理化的主要目标是节省时间、节约劳动力、降低装卸成本、提高装卸质量。要达到这些目标，要求做到距离短、时间少、质量高、费用省。

2. 装卸搬运合理化的原则

（1）防止无效作业

无效作业是指在装卸作业活动中超出必要的装卸搬运量的作业。为了有效地防止和消除无效作业，可以从以下几个方面入手。

1）尽量减少装卸次数。要使装卸搬运次数降低到最小，要避免没有物流效果的装卸搬运作业。

2）提高被装卸搬运货物的纯度。物料的纯度是指物料中有效成分的质量分数。

3）包装要适宜。包装是物流中不可缺少的辅助作业手段。包装的轻型化、简单化、实用化会不同程度地减少作用于包装上的无效劳动。

4）缩短装卸搬运作业的距离。货物在装卸搬运当中要实现水平和垂直两个方向的位移，选择最短的路线完成这一活动，就可避免超越这一最短路线以上的无效劳动。

（2）装卸搬运路线应合理

装卸搬运路线的长短与作业效率直接相关，因此，应合理确定车辆停放位置和货物存放场所，设计出、入库作业程序，以减少货物移动的距离，避免迂回装卸搬运。影响搬运距离的主要因素是企业和物流据点的平面布局与作业组织工作水平。

（3）提高装卸搬运活性指数

被装卸搬运货物的放置状态对装卸搬运作业效率有很大的影响。当货物处于最容易被移动的状态时，最便于装卸搬运。物料被移动的难易程度称为活性。

货物放置的活性程度从低到高可分为0、1、2、3、4五个等级，该数值称为装卸搬运活性指数，见表6—3。

表6—3　装卸搬运活性指数

放置状态	需要进行的作业				活性指数
	整理	架起	提动	拖动	
散放在地上	需要	需要	需要	需要	0级
装箱或经捆扎	不需要	需要	需要	需要	1级
集装化	不需要	不需要	需要	需要	2级
在无动力车上	不需要	不需要	不需要	需要	3级
在传送带或车上	不需要	不需要	不需要	不需要	4级

从理论上讲，活性指数越高越好，但也必须考虑到实施的可能性。例如，货物在储存阶段，活性指数为4级的传送带和活性指数为3级的无动力车辆在一般的仓库中很少被采用，这是因为大批量的物料不可能存放在传送带或无动力车辆上。

（4）装卸搬运作业应省力

装卸搬运作业中应尽可能消除重力的不利影响。在有条件的情况下利用重力进行装卸，可减轻劳动强度和能量消耗。例如，将没有动力的小型运输带（板）斜放在货车、卡车或站台上进行装卸，使物料在倾斜的输送带（板）上移动，就是靠重力的水平分力完成的。

重力式移动货架（见图6—11）也是一种利用重力进行省力化操作的装卸搬运方式。重力式货架的每层格均有一定的倾斜度，货箱或托盘可利用自身重力沿着倾斜的

图 6—11　重力式移动货架

货架层板滑到输送机械上。货物滑动的阻力越小越好，故通常货架表面处理得十分光滑，或者在货架层上装有滚轮，这样将滑动摩擦变为滚动摩擦，货物移动时受到的阻力会更小。

（5）装卸搬运应实现机械化和自动化

机械化不但能够完成人力所难以完成的超大、超重货物的装卸搬运作业，而且能够大幅度提高装卸搬运的效率，提高装卸搬运的经济效益，尤其对于危险品的装卸搬运而言，机械化能够保证人和货物的安全。根据不同的货物种类及数量合理选择装卸搬运机械，有利于降低单位装卸搬运费用。

（6）装卸搬运应实现集装化

集装化是实现装卸搬运合理化的重要途径，可以充分利用机械进行操作。在装卸搬运作业中，通过叉车与托盘的结合可以有效提高装卸搬运效率，大量节约作业时间、提高作业灵活性。同时，由于这种方式不直接触及货物本身，可以达到保护货物的效果，防止货物破损、丢失现象，确定货物数量也变得更容易。

【做一做】

到超市、物流企业、港口或建筑工地实际观察相关的装卸搬运机械设备，如电动叉车、手动托盘搬运车、汽车起重机、升降机等，以增强感官认识。观察时不要距离过近，应保证人身安全。

第二节　集装箱装卸作业

【引导案例】

我国沿海港口自 2000 年起进入战略发展进程，在加入世界贸易组织的过程中，沿海港口吞吐量取得了显著进展，2000—2004 年沿海港口吞吐量年均增长 27%，四年时间实现了翻一番，上海港、深圳港集装箱吞吐量也如期实现了超越釜山港和高雄港的目标。又经过十余年的发展，2017 年我国规模以上沿海港口完成货物吞吐量已达到 86.25 亿吨，且发展势头良好，同比增长 6.4%，比上年增速提高了 3.2%。“没有集装箱，不可能有全球化”的理论在国际社会中达成了共识。

思考：如何判断集装箱的种类？如何识别集装箱装卸搬运机械？

一、集装箱的特点

第五章中已经介绍过集装箱的定义，集装箱不仅可以作为包装设备，更是一种运输设备，是集装装备最主要的形式，它在铁路、公路和水路运输中广泛应用。集装箱能一次装入若干包装件或散装货物，运输途中更换车、船时，无须将货物从箱内取出换装，可有效减少装卸搬运的次数。

二、集装箱的种类及规格

1. 集装箱的种类

集装箱的种类多样，可以满足不同集装货物和使用场合的要求。

（1）按用途不同，集装箱可分为通用集装箱和专用集装箱。

（2）按所装货物种类不同，集装箱可分为杂货集装箱、散货集装箱、罐式集装箱、冷藏集装箱、敞顶集装箱、框架集装箱、牲畜集装箱等。

（3）按制造材料不同，集装箱可分为钢集装箱、铝合金集装箱、玻璃钢集装箱、不锈钢集装箱等。

（4）按结构不同，集装箱可分为内柱式和外柱式集装箱、折叠式和固定式集装箱、预制骨架式和薄壳式集装箱等。

2. 几种典型集装箱的特点

（1）杂货集装箱的特点

杂货集装箱又称干货集装箱，是最普通的集装箱，适用于运输除流体货物和需要调节温度的货物外的一般杂货，一般为通用集装箱。这类集装箱通常有密封防水装置，在一端或侧面设有箱门，其规格尺寸、自重与载重、容积一般均采用国际标准或国家标准，使用范围非常广泛，占全部集装箱总数的70%～80%，如图6—12和图6—13所示。

图6—12　干货集装箱

图6—13　侧开门干货集装箱

（2）散货集装箱的特点

散货集装箱（见图6—14）是一种密闭式集装箱，用于装载豆类、谷物、硼砂等粉末、颗粒状货物，可节约包装且提高装卸效率。散货集装箱顶部的装货口设置有水密性良好的盖子，可以防止雨水进入箱内。

图6—14 散货集装箱

（3）冷藏集装箱的特点

冷藏集装箱是一种附有冷冻机设备，并在内壁敷设热传导率较低的材料，用以装载冷冻、保温、保鲜货物的特殊集装箱，如图6—15所示。

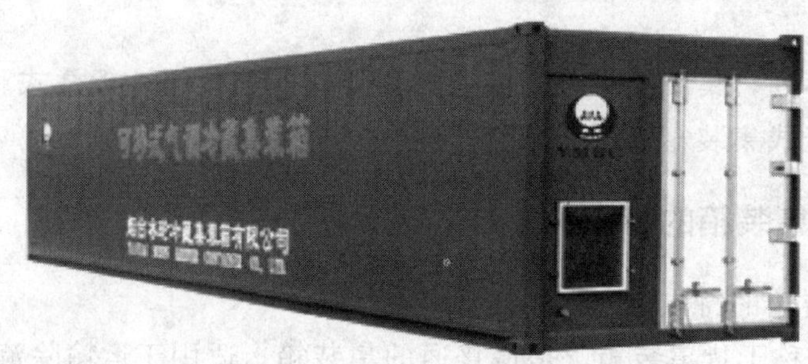

图6—15 冷藏集装箱

（4）框架集装箱的特点

框架集装箱没有箱顶和左右两侧，箱端也可拆卸，货物从集装箱侧面进行装卸，如图6—16所示。框架集装箱适合装载超重货物，诸如钢材、重型机械等，也可装载牲畜，以及可以免除外包装的裸装货。其主要特点是以箱底承受货物的重量，密闭性差，自重大。

（5）罐式集装箱的特点

罐式集装箱如图6—17所示，适合装运饮料、酒、药品、化工产品等流体货物，主要由罐体和箱体框架两部分组成，罐体上设有带水密装置的装货口。装货时，货物由顶部装货口进入，卸货时，货物由排出口靠重力作用自行流出。

图 6—16　框架集装箱

图 6—17　罐式集装箱

【知识链接】

集装箱尺寸

集装箱外尺寸是指包括永久性附件在内的集装箱外部最大的长、宽、高尺寸。它是确定集装箱能否在船舶、底盘车、货车、铁路车辆之间进行换装的主要参数。

集装箱内尺寸是指集装箱内部的最大长、宽、高尺寸。高度为箱底板面至箱顶板最下面的距离，宽度为两内侧衬板之间的距离，长度为箱门内侧板至端壁内衬板之间的距离。它决定集装箱内容积和箱内货物的最大尺寸。

集装箱内容积是按集装箱内尺寸计算的装货容积。同一规格的集装箱由于结构和制造材料不同，其内容积也可能略有差异。

CTU 是铁路部门规定的中国铁路集装箱箱数统计的换算单位。它以 1 个 10 ft 集装箱为标准，一个 40 ft 集装箱＝4 CTU。

3. 集装箱规格

(1) 集装箱国际规格标准

集装箱国际规格标准由国际标准化组织（ISO）集装箱技术委员会统一制定，现行的集装箱国际标准为第 1 系列共 13 种，具体如下：

宽度均为 2 438 mm，即 8 ft；长度有 12 192 mm、9 125 mm、6 058 mm、2 991 mm 四种，即 40 ft、30 ft、20 ft、10 ft 四种；高度有 2 896 mm、2 591 mm、2 438 mm、＜2 438 mm四种。1A 型为 40 ft（12 192 mm），1B 型为 30 ft（9 125 mm），1C 型为 20 ft（6 058 mm），1D 型为 10 ft（2 991 mm），间距 I 为 3 ft（76 mm），它们之间的关系如下：

1A＝1B＋I＋1D＝9 125＋76＋2 991＝12 192 mm

1B＝1D＋I＋1D＋I＋1D＝2 991×3＋76×2＝9 125 mm

1C＝1D＋I＋1D＝2 991＋76＋2 991＝6 058 mm

表 6—4 所列为现行国际标准集装箱规格（节选）。

表 6—4　　现行国际标准集装箱规格（节选）

型号	内部尺寸（m）	箱门开度尺寸（m）	毛重（kg）	内容积（m³）	载重上限（kg）
20 ft 干货箱	长：5.919 宽：2.340 高：2.380	宽：2.286 高：2.278	1 900	33.0	22 100
40 ft 干货箱	长：12.045 宽：2.309 0 高：2.379 0	宽：2.286 高：2.278	3 084	67.3	27 396
40 ft 高干货箱	长：12.056 宽：2.347 0 高：2.684	宽：2.340 高：2.585	2 900	76	29 600
45 ft 高干货箱	长：13.582 宽：2.347 高：2.690	宽：2.340 高：2.585	3 900	85.7	28 600
20 ft 冷冻箱	长：5.429 宽：2.266 高：2.240	宽：2.286 高：2.188	2 940	27.5	24 060
40 ft 冷冻箱	长：11.207 宽：2.246 高：2.183	宽：2.216 高：2.118	4 840	54.9	25 640
40 ft 高冷冻箱	长：11.628 宽：2.294 高：2.509	宽：2.290 高：2.535	4 430	66.9	28 070
45 ft 高冷冻箱	长：13.102 宽：2.294 高：2.509	宽：2.290 高：2.505	520	75.4	27 300

目前各国集装箱运输大部分采用20 ft与40 ft长的两种集装箱。为使集装箱箱数计算统一化，把20 ft标准集装箱作为国际标准集装箱的标准换算单位，称为换算箱或标准箱，简称TEU（Twenty-feet Equivalent Units）。1个40 ft集装箱简称FEU（Forty-feet Equivalent Units），即1 FEU＝2 TEU。

（2）我国集装箱规格尺寸

在2008年颁布的国家标准《系列1集装箱　分类、尺寸和额定质量》（GB/T 1413—2008）中明确规定了集装箱的外部尺寸和质量系列及最小容积，见表6—5，并规定在特殊运输中根据某些专用集装箱的需求，尺寸接近但额定质量和高度超过本标准规定的集装箱不能参与国际联运，其运输需做特殊安排。

表 6—5　　我国集装箱外部尺寸和质量系列

集装箱型号	长度（L）mm	宽度（W）mm	高度（H）mm	额定质量（总质量）kg
1EEE	13 716	2 438	2 896	30 480
1EE			2 591	
1AAA	12 192	2 438	2 896	30 480
1AA			2 591	
1A			2 438	
1AX			<2 438	
1BBB	9 125	2 438	2 896	30 480
1BB			2 591	
1B			2 438	
1BX			<2 438	
1CC	6 058	2 438	2 591	30 480
1C			2 438	
1CX			<2 438	
1D	2 991	2 438	2 438	10 160
1DX			<2 438	

三、集装箱装卸搬运机械

1. 岸边集装箱起重机

岸边集装箱起重机由前后两门框和拉杆构成的门架及支撑在门架上的桥架组成，如图 6—18 所示。行走小车沿着桥架上的轨道用专用吊具吊运集装箱，进行装卸船作业。门架可沿着与岸线平行的轨道行走，以便调整作业位置和对准箱位。为了便于船舶靠离码头，桥架伸出码头外面的部分

图 6—18　岸边集装箱起重机

可以俯仰运动。高速型岸边集装箱起重机还装有吊具减摇装置。

（1）金属结构

岸边集装箱起重机的金属结构由海侧和陆侧门框、门框之间的连接横梁和斜撑杆、门框支撑的中梁和后伸梁、海侧梯形架和支撑梯形架的斜撑杆，以及前拉杆和中梁共同支撑的可以俯仰运动的前伸梁等结构部件组成。此外，还包括运行小车结构、机器房结构和扶梯平台走道结构。为避让船舶或当岸边集装箱起重机不作业时，一般前伸梁必须俯仰或伸缩进海侧门框内。前伸梁结构形式有俯仰式、折叠式和伸缩式三种分类，如图 6—19 所示。

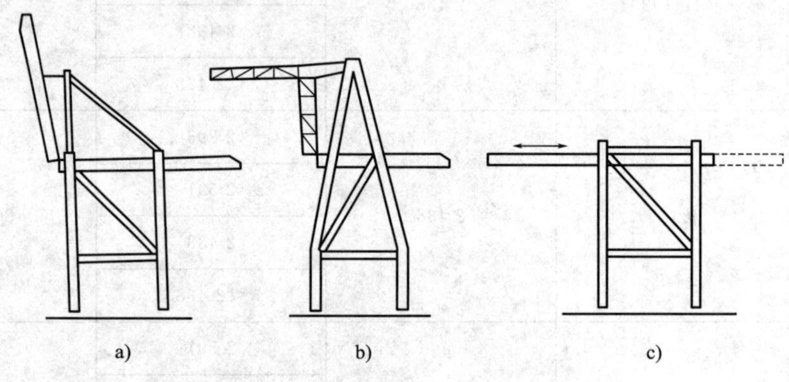

图 6—19 前伸梁结构形式

a）俯仰式 b）折叠式 c）伸缩式

（2）主要技术参数的确定

1）起重量。起重量指额定起重量与吊具重量之和，额定起重量不包括吊具重量。

集装箱一般为满箱不满载，40 ft 集装箱的最大重量为 30.5 t；伸缩式吊具重量取 10 t，改进后为 8～8.5 t。据统计，目前世界上各种岸边集装箱起重机中，70%以上的起重量取为 40.5 t 或 37.5 t。

2）尺寸参数。尺寸参数包括起升高度、外伸距、内伸距、轨距、门架净空高度和基距。

起升高度是指起重机水平停机面或运行轨道至吊具允许最高位置的垂直距离，与船舶型号、吃水深度、潮差、船上集装箱堆装情况有关。一般要求轻载高水位时能装卸三层并能堆高四层集装箱，满载低水位时能取到舱底的集装箱，按30 000 t级船型、2 m 水位差计，取起升高度为轨道面以上 25 m，下放深度为 12 m。

外伸距是指海侧轨道中心到吊具垂直中心线的距离。考虑甲板堆四层集装箱、外倾 3°能取货，常用外伸距为 35 m。

内伸距是指陆侧轨道中心向内至吊具垂直中心线间的距离。考虑内伸距对卸船集装箱的缓冲作用和承放舱盖板的要求，常取内伸距为 7～11 m。

轨距主要考虑起重机稳定性和轮压对轨道的影响，以及码头前沿的装卸工艺要求。一般要求轨道内能放三列集装箱，并允许跨运车通过。轨距常取为 16 m，宽轨型轨道轨距常取 26 m。

门架净空高度取决于门架下通过的流动搬运机械的外形高度，要求能通过跨运车，并留有 0.8～1 m 的安全间隙。门架净空高度常按堆码三层或通过两层集装箱跨运车取值，一般取 10 m。

基距是指同一轨道上两主支承中心线间的距离，应能通过 40 ft 集装箱和大型舱盖板，并考虑摆运而留有一定的间隙，多取 16 m。

3）工作速度。工作速度包括起重速度、小车运行速度和大车运行速度等。

起重速度有满载和空载两种。空载起重速度高于满载起重速度两倍或以上。例如，普通岸边集装箱起重机满载起升速度为 35～40 m/min，空载速度则为 70～90 m/min。

小车行走距离为 40 m 左右。提高小车速度对作业效率影响最大，同时应设有良好的减摇装置，并防止司机疲劳。小车运行速度常取 120～150 m/min。

大车运行速度一般为 25～45 m/min。

2. 集装箱龙门起重机

集装箱龙门起重机专门用于集装箱码头或集装箱堆场进行堆码和装卸作业，有轮胎式和轨道式两种。

（1）轮胎式集装箱龙门起重机

轮胎式集装箱龙门起重机如图 6—20 所示，由前后两片门框和底梁组成门架，橡胶充气轮胎组成行走机构，小车沿门框上的横梁行走，进行堆码作业或从底盘车上装卸集装箱，多采用内燃机和电力驱动。

图 6—20　轮胎式集装箱龙门起重机

轮胎式集装箱龙门起重机主要有起升机构、小车行走机构、大车运行机构，并设有回转和减摇装置。回转装置使吊具在水平面内小范围（通常±5°）回转，以便吊具对正集装箱锁孔。因为大、小车经常移动，必须在前、后、左、右四个方向上设减摇装置，防止吊具和集装箱摆动。

由于行走小车位置移动、吊重变化、轮胎充气压力不完全一致等，轮胎式集装箱龙门起重机两侧轮胎变形量会有不同，导致走偏或蛇行，因此必须采取行走微调措施。一种措施是在起重机侧面设走偏指示杆和行走限位报警器，使司机能发现走偏并及时调整两边行走电动机的转速。另一种措施是采用无线电感应轨迹自动控制装置，这种

装置可将运行偏移控制在 10 cm 以内。

为了使轮胎式集装箱龙门起重机能从一个堆场转移到另一个堆场，需要设转向装置，有定轴转向和 90°直角转向两种方式。为防止转向车轮变形和减少磨损，往往要在堆场两头转向处铺设转向垫板。

轮胎式龙门起重机的起重量是由额定起重量和吊具重量决定的。主要尺寸参数为跨距和起升高度。跨距的大小取决于跨下所需堆码的集装箱列数和底盘车的通道宽度，多按六列集装箱和一辆底盘车考虑，取跨距为 23.5 m。起升高度取决于起重机下所堆放的集装箱层数和高度，一般按堆放四层、通过三层考虑，目前大多数国家都取起升高度为 11～12 m。轮胎式龙门起重机的运行速度应与码头前沿岸边集装箱起重机相适应，为此，各厂家将轮胎式龙门起重机设计成普通型和高速型两种。普通型的运行速度为满载起升 9 m/min、空载起升 18 m/min，小车满载运行 35 m/min，大车空载运行 90 m/min；高速型的运行速度为满载起升 13.5 m/min、空载起升 27 m/min，小车满载运行 70 m/min，大车空载运行 130 m/min。

（2）轨道式集装箱龙门起重机

此机由两片双悬臂的门架组成，两侧门腿用下横梁连接，两侧悬臂用上横梁连接，门架支撑在行走台车上，并在轨道上行走，如图 6—21 所示。

图 6—21　轨道式集装箱龙门起重机

轨道式龙门起重机与轮胎式龙门起重机相比，其跨度大，堆码层数多，一般能堆放 5～6层集装箱，可充分利用堆场面积，提高堆场的堆储能力，还可在堆场进行集装箱装卸汽车和铁路车辆作业，但其工作范围受到轨道的限制。

3. 集装箱跨运车

集装箱跨运车是用于码头前沿和堆场水平搬运、堆码集装箱的专用机械，如图 6—22 所示。它以门形车架跨在集装箱上，可将集装箱堆码两三层高，还可对底盘车上的集装箱进行装卸。因此，它比集装箱龙门起重机具有更大的机动性。集装箱跨运车由门形跨架、起升机构、行走机械、传动系统等几部分组成，采用机械或液压传动，前者直接将柴油机的动力通过传动轴驱动各机械，后者由柴油机带动液压泵，液压泵带动液压马达

图 6—22　集装箱跨运车

驱动各工作机构。

在选用集装箱跨运车时，除起重量应满足集装箱和吊具总重量的需要之外，装卸搬运效率、堆码和通过集装箱的层数、车身高度、转弯半径、稳定性等技术性能指标参数也要符合要求。

4. 集装箱叉车

集装箱叉车是集装箱码头和货场常用的一种装卸机械，它可以采用货叉叉入集装箱底部叉槽内举起搬运集装箱，也可在门架上装吊架、借助旋锁连接集装箱，从顶部起吊。

集装箱叉车的性能特点如下：

(1) 起重量与各箱型最大总重量一致，对 20 ft 和 40 ft 的集装箱分别取 20 t 和 25 t。

(2) 载荷中心距（货叉前壁到货物重心之间的距离）多取集装箱宽度的一半，即1 220 mm。

(3) 为改善操作视线，司机室位置较高。

(4) 起升高度按堆码集装箱层数来确定。

(5) 除标准货叉外，配备顶部起吊或侧部起吊的专用属具。

(6) 为对准集装箱叉槽，货叉可左右移动和侧移（约 100 mm）。

集装箱叉车具有机动性强和使用范围广等优点，但要求通道较宽、占用通道面积大，集装箱只呈两列堆放，影响场地利用率；满载时前轴负荷及轮压大，对路面承载能力要求高；液压部件多，完好率低，维修费高；前方视线差，集装箱损坏率高。因此，集装箱叉车只适用于集装箱吞吐量不大的普通综合性码头和堆场进行短距离搬运作业，合理搬运距离为 50 m 左右，超过 100 m 时，用集装箱叉车搬运是不经济的，这种情况下，可配合使用集装箱拖挂车。

5. 集装箱牵引车和集装箱挂车

集装箱牵引车和集装箱挂车俗称集装箱拖挂车。

(1) 集装箱牵引车

集装箱牵引车是专门用于拖带集装箱挂车或半挂车（两者组合成车组）长距离运输集装箱的专用机械，主要用于港口码头、铁路货场和集装箱堆场，如图 6—23 所示。

图 6—23 集装箱牵引车

集装箱牵引车本身具有与普通牵引车相似的牵引、行驶和制动装置，

按驾驶室形状可分为两种：一是长头式，发动机在司机座前方，司机舒适感好，碰撞时较安全，检修方便，但车身长度及转弯半径大；二是平头式，发动机在司机座下面，司机舒适感差，但视线好，轴距及车身长度小，转弯半径小，目前使用日益广泛。

（2）集装箱挂车

集装箱挂车分半挂车和全挂车两种，以半挂车较为常用，可装两个 20 ft 或一个 40 ft 集装箱，由车架、支腿、行走装置、制动装置和集装箱锁定装置组成。其中，半挂车的货物重量一部分由牵引车承受，车身短，便于倒车和转向；全挂车则是通过牵引杆架与牵引车连接，操作难度较大。因此，半挂车较为常用。集装箱挂车如图 6—24 所示。

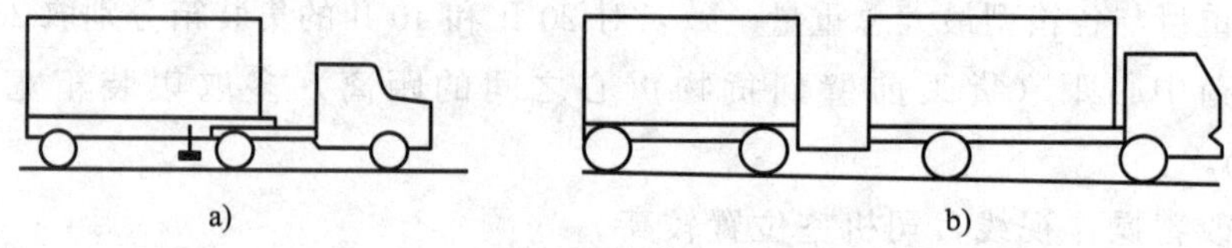

图 6—24　集装箱挂车

a）半挂车　b）全挂车

四、进行集装箱装卸的前提条件

所有集装箱的装卸都必须在如下条件下进行：

1. 装卸集装箱时所使用的工具均处于良好状态。

2. 集装箱上的箱门、盖板、锁件、可移动件、可折叠件、可拆卸件和其他活动件等均应在作业前固定好。

3. 集装箱内所装货物均符合装载的规定，其数量不得超过容许载重。

4. 集装箱内货物载荷应均布于箱底上，集中载荷必须用衬垫分散，不使集装箱的任何部分因受力过大而损坏。

5. 集装箱的重心位置应符合装载规定的要求，对于低重心货物，为了保证装卸安全，应防止吊起时集装箱发生倾斜，或装上车辆时车辆失去稳定性。

6. 起吊前必须清楚地区分空箱和重箱，如果无法判断，则必须按重箱处理。

7. 集装箱装卸操作人员必须受过严格训练，操作时应特别注意下列事项：

（1）当箱内装载货物导致集装箱重心偏移时，禁止用单根钢丝绳吊起，以防止吊起后集装箱倾斜或旋转。重心偏移是指集装箱的纵向或横向的重心与四个底角件底孔对角线交点的几何中心不重合。

（2）集装箱装载货物导致重心非常高时，吊起后禁止高速回转。

(3) 装载危险货物的集装箱装卸时要严格防止箱内进水。

(4) 装载货物超过集装箱高度的超高集装箱要用超高吊架或超高货吊索吊起。

(5) 操作人员要按货主提出的有关装卸要求操作。

(6) 因强风或其他环境因素影响装卸机械作业时，作业人员应格外小心。

五、集装箱装卸搬运作业

集装箱在港口的装卸搬运方式按装卸工艺不同，可分为吊装和滚装两种。前者称为“垂直作业方式”，即岸边采用起重机用吊上吊下的方式来装（卸）船上集装箱。后者又称为“水平作业方式”，即采用牵引车拖带挂车（底盘车）或叉车等流动搬运机械，直接驶入滚装船内装卸集装箱。

1. 吊装方式

在专用集装箱码头前沿，一般都配备岸边集装箱起重机进行船舶的集装箱装卸作业，称为吊装，吊装方式如图 6—25 所示。按货场上使用的机械类型不同，集装箱吊装方式可分为跨车方式、轮胎式龙门起重机方式、轨道式龙门起重机方式和底盘车方式。

2. 滚装方式

滚装方式是将集装箱放置在挂车上，由牵引车拖带挂车通过与船艏门、艉门或舷门铰接的跳板，进入船舱，牵引车与挂车脱钩卸货，实现装船。或者将集装箱直接码放在船舱内，船舶到港后，叉车和牵引列车驶入船舱，用叉车把集装箱放在挂车上，由牵引列车拖带到码头货场，或者仅用叉车通过跳板装卸集装箱。滚装方式如图 6—26 所示。

图 6—25 吊装方式

图 6—26 滚装方式

六、集装箱载卸注意事项

1. 在任何情况下，集装箱内所装货物重量不能超过集装箱的最大装载量（载重＝总重－自重），总重、载重和自重均标在集装箱的箱门上。

2. 箱内货物的重量分布要均衡，不能使局部负荷过轻或过重，严格禁止负荷重心偏在一端的情况，防止箱底变形及脱箱。

货物在箱内要码放整齐，尽量不留空隙，防止货物在箱内移动，以免货物在运输中相互碰撞导致包装损坏。如需充气袋、木料支撑及垫料分离时，要确保其清洁、干燥、无污染。

3. 货物装卸过程中不能采用抛扔、坠落、翻倒、拖曳等方式，既要避免货物间的冲击和摩擦，也要避免货物对集装箱地板和侧板等部位的损坏。

4. 装箱完毕后，关闭箱门，根据运输要求确定是否加封海关铅封。

5. 装卸过程中，货物、托盘和装卸车辆等应尽可能避免擦碰到集装箱的各个部位，包括箱门框、侧板、箱门、顶板等，以避免其零件损伤、内外油漆脱落。

6. 装载机械设备等重货时，箱底应铺上木板等衬垫材料，避免产生集中载荷，尽量分散其负荷。标准集装箱底面平均单位面积的安全负荷大致如下：20 ft 集装箱为 $1\,330 \times 9.8\ \mathrm{N/m^2}$，40 ft 集装箱为 $980 \times 9.8\ \mathrm{N/m^2}$。

7. 拼箱货混装注意事项

（1）轻货要放在重货上面。

（2）包装强度弱的货物要放在包装强度强的货物上面。

（3）不同形状、不同包装的货物尽可能不装在一起。

（4）液体货和清洁货要尽量在其他货物下面。

（5）从包装中会渗漏出灰尘、液体、潮气、臭气等的货物，最好不要与其他货物混装在一起，不得不混装时，要用帆布、塑料薄膜或其他衬垫材料隔开。

（6）带有尖角或突出部件的货物，要把尖角或突出部件保护起来，不使它损坏其他货物。

8. 危险货物装箱注意事项

（1）装箱前应调查清楚该类危险货物的特性、防灾措施和发生危险后的处理方法，作业场所要选在避免日光照射、隔离热源和火源、通风良好的地方。

（2）作业场所要有足够的面积和必要的设备，以便发生事故时能有效地处置。

（3）作业时要按有关规则的规定执行，作业人员操作时应穿防护工作衣，戴防护面具和橡皮手套。

（4）装载爆炸品、强氧化性物质等危险货物时，装货前要仔细清扫箱内，防止箱内因残存灰尘、垃圾等杂物而产生着火、爆炸的危险。

(5) 要检查危险货物的容器、包装、标志是否完整，与运输文件上所载明的内容是否一致，禁止包装有损伤、容器有泄漏的危险货物装入箱内。

(6) 使用固定危险货物的材料时，应选取具有足够的强度和安全系数且符合防火要求的材料。

(7) 危险货物的任何部位都不允许突出于集装箱外，装货后箱门应能正常关闭。

(8) 有些用纸袋、纤维板和纤维桶包装的危险货物遇水后会引起化学反应而发生自燃、放出热量或产生有毒气体，故应严格进行防水检查。

(9) 各国对危险货物的混载问题有不同的规定，应根据各国的具体规定操作。

(10) 危险货物与其他货物混载时，应尽量把危险货物装在箱门附近。

(11) 严禁危险货物与仪器类货物混载。

(12) 装载危险货物时不能采用抛扔、坠落、翻倒、拖曳等方法，避免货物间冲击和摩擦导致危险。

思考练习题

1. 什么是装卸搬运？
2. 简述装卸搬运作业的特点。
3. 简述装卸搬运合理化的目标和原则。
4. 简述装卸搬运设备的分类。
5. 简述输送机械的优缺点。
6. 集装箱应符合哪些条件？
7. 主要的集装箱装卸搬运机械有哪些？

第七章　物流信息技术

借助现代信息技术，物流行业产生了巨大变革。目前，各种物流信息技术已经广泛应用于物流企业活动的各个环节，将成为物流行业发展的突破点。

第一节　物流信息技术概述

【引导案例】

“现在快递真发达，我15分钟前网上下单购买的生鲜产品，15分钟后不出家门准时收到商品，比我去超市一趟还要快得多。”家住北京朝阳区望京西园的王女士说。像王女士这样选择线上下单、家门口收货的人有很多。现在好多家庭主妇不用亲自去超市选购，在家里就能享受到近乎完美的购物体验。

有人说，物流行业是中国过去10年诞生的最了不起的奇迹之一。中国物流与采购联合会统计数据显示，2016年，中国快递包裹超过300亿件，位居全球第一，每天接近1亿件，未来，一天可能有10亿件包裹。用信息化手段打造智慧物流是大势所趋，物流信息化发展已经成为不可阻挡的潮流。例如，亚马逊仓库采用搬运机器人后，工作准确率可达到99.99%，总体工作效率提升3.5～5倍。智慧物流依托网络组建的云平台，将成为电子商务发展的中坚力量，从客户下单到产品入库、存储、出库的所有一切信息都将储存在网络云平台中，这种物流网的组建，使得一切物流信息都将变得有迹可循。

所以，离开了移动互联网、物联网、云计算、大数据，智慧物流将无从谈起，信息技术的研发与运用更是关键所在。无线射频识别（RFID）、电子数据交换（EDI）、全球定位系统（GPS）、地理信息系统（GIS）、智能交通系统（ITS）等信息技术的不断升级有助于大力推进智慧物流建设。

结合上述资料思考：什么是物流信息技术？中国物流为何“智慧”？

物流信息技术是现代信息技术在物流各个作业环节中的综合应用，是现代物流区别于传统物流的根本标志，也是物流技术中发展最快的领域，尤其是计算机网络技术的广泛应用，使物流信息技术达到了较高的应用水平。目前，物流信息技术与信息系统已经深入渗透到物流业务的很多方面，物流信息管理已经成为提升物流生产效率的重要手段。

一、物流信息

国家标准《物流术语》(GB/T 18354—2006)对物流信息的定义是：反映物流各种活动内容的知识、资料、图像、数据、文件的总称。

狭义的物流信息是指与物流活动（如运输、保管、流通加工等）直接有关的信息。广义的物流信息不仅指与物流活动有关的信息，而且还包含与其他流通活动有关的信息，如商品交易信息和市场信息等。

物流信息是在物流活动的各个环节中产生的，与物流过程中的运输、保管、装卸、包装等各种职能有机结合在一起。

物流信息不仅对物流活动起到支持和保证的作用，而且具有连接整个供应链和使整个供应链活动可视化的功能。物流信息不仅能提升物流运作的效率，而且能降低物流运作的成本，提升物流企业的核心竞争力，因此，物流信息在现代物流发展战略中发挥了越来越重要的作用。

1. 物流信息的特征

(1) 信息量大

物流信息随着物流活动和物品交易活动的展开而大量发生，多品种少批量生产和多频次小数量配送使库存、运输等物流活动的信息大量增加。

(2) 物流信息更新快

多品种少批量生产、多频次小数量配送、利用POS系统的及时销售使得各种作业活动频繁发生，从而要求物流信息不断更新，而且更新的速度越来越快。

(3) 物流信息来源多样化

物流信息不仅包括企业内部的物流信息，如生产信息、库存信息等，而且包括企业间的物流信息和与物流活动有关的基础设施的信息。

2. 物流信息的分类

(1) 根据物流信息的来源分类

根据来源不同，物流信息分为物流系统内信息和物流系统外信息两个方面。

1) 物流系统内信息。物流系统内信息是指伴随着物流活动而产生的信息，包括交

通运输信息、仓储信息、装卸搬运信息、包装信息、流通加工信息和配送信息。

2）物流系统外信息。物流系统外信息是指在物流活动以外发生的，但提供给物流活动使用的信息，包括商流信息、资金流信息、生产信息、消费信息与国内外政治、经济、文化等信息。

（2）根据物流信息的功能分类

根据功能不同，物流信息可划分为计划信息、控制及作业信息、统计信息和支持信息等。

1）计划信息。计划信息是指尚未实现但已作为目标确认的一类信息，如物流量计划、仓库吞吐量计划、车皮计划、与物流活动有关的国民经济计划、工农业产品产量计划等，这种信息具有相对稳定和更新速度慢的特点。

2）控制及作业信息。控制及作业信息是物流活动中发生的信息，它具有很强的动态性，是掌握物流状况不可缺少的信息，如库存种类、库存量、在运量、运输工具状况、物价、运费、投资在建情况、港口船舶的货物到发情况等。

同时，物流信息还可以按物流活动领域不同，划分为运输信息、仓储信息、装卸信息等，甚至可以更细化为集装箱信息、托盘交换信息、库存量信息、货车运输信息等。

3. 物流信息的作用

物流信息是伴随着物流活动的发生而产生的，贯穿于物流活动的整个过程，在物流活动中起着中枢神经系统的作用，它不仅对物流活动具有支持和保证的作用，而且具有连接整合物流系统活动的作用。

借助于对物流信息的采集、传送、储存、处理与管理，可以产生以下效果：

（1）配送中心仓储管理

使用仓储管理系统（WMS）可以管理仓库的收发、分拣、摆放、补货、过库等作业，同时也可以进行库存分析与财务系统集成。更加先进的仓储管理系统还能帮助企业实现“逆向物流”（返修、回收等），并适应企业物品“延迟”策略对配送中心的管理需求。

（2）运输与发货管理

使用运输管理系统（TMS）可以优化运输方式，如空运、陆运或水运等，寻求最佳的运输路线。运输管理系统还可实现在途物品的跟踪，并在必要时调整运输模式，实现车队管理、运输计划、调度与跟踪、与托运人和收货人的电子数据进行信息集成。

（3）加快供应链的物流响应速度

建立物流信息系统，可以实现全局库存、订单和运输信息的共享和可视化，避免供应链中的需求订单信息失真。

（4）物流整合

多数物流信息系统内部决策采用最优化方法，将供应链上的各个环节综合考虑，制定全局优化的物流策略并依此发布物流执行指令。

物流信息还可以促使管理发挥更大的作用，解决物流业务管理的以下问题：缩短从接受订货到发货的时间，同时缩短整个交货周期；不仅解决仓库选址问题，而且能够进行库存优化；采用信息化手段，提高搬运作业效率；提高运输品质；提高订单处理的精度；防止发货、配送出现差错。

二、物流信息技术

信息技术是指能拓展人的信息处理能力的技术。信息技术可以替代或辅助人完成对信息的检测、识别、变换、存储、传递、计算、提取、控制和利用。一般来说，信息技术可分为传感技术（信息的采集技术）、通信技术（信息的传递技术）、计算机技术（信息的处理和存储技术）、控制技术（信息的使用技术）。

信息技术是当代世界范围内新的技术革命的核心，是国家现代化的一个重要标志。同时，信息技术也是一门多学科交叉综合的技术。计算机技术、通信技术和多媒体技术、网络技术互相渗透、互相作用、互相融合，将形成以智能多媒体信息服务为特征的大规模信息网。

物流信息技术是指运用于物流各环节中的信息技术。它是建立在计算机、网络通信技术平台上的各种技术应用，包括硬件技术和软件技术，如图 7—1 所示。

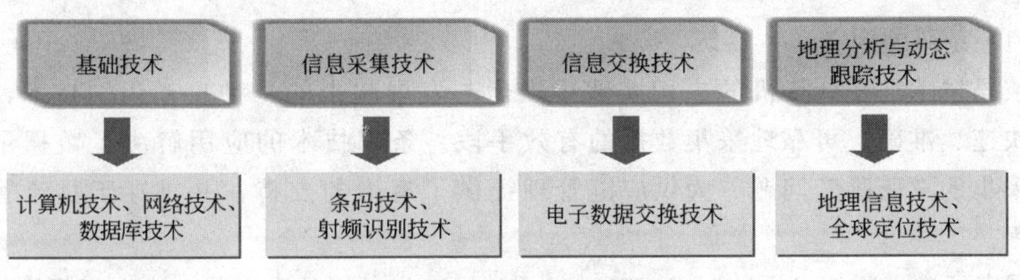

图 7—1　物流信息技术的组成

第二节　典型物流信息技术

【引导案例】

美国的沃尔玛公司（简称“沃尔玛”）在短短几十年间，由一家小型折扣商店发展成为世界最大的零售企业。在沃尔玛实现短时间发展壮大、超越对手、坐上世界零

售企业头把交椅的各种因素中，强大的物流信息系统起着至关重要的作用。沃尔玛的成功很大程度上是因为它比竞争对手至少提前10年将尖端科技和物流系统进行了巧妙搭配。

早在20世纪70年代，沃尔玛就开始使用计算机进行管理，建立了物流的管理信息系统（MIS），负责处理系统报表，加快了运作速度。20世纪80年代初，沃尔玛与休斯公司合作发射物流通信卫星，实现了全球物流通信卫星联网，使沃尔玛有了跨越性的发展。1983年，沃尔玛开始采用POS机，全称Point Of Sale，即销售时点数据系统。1985年，沃尔玛开始建立了电子数据交换（EDI）系统，进行无纸化作业，所有信息全部在计算机上运作。1986年，它又建立了快速反应机制（QR），可以快速响应市场需求。20世纪90年代，沃尔玛采用了全球定位系统（GPS）控制公司的物流，提高配送效率，以速度和质量提高了用户的满意度和忠诚度。

沃尔玛一直崇尚采用最现代化、最先进的系统，进行合理的运输安排，并通过计算机系统和配送中心获得最终的成功。

结合上述资料思考：沃尔玛应用了哪些物流信息技术？这些技术的应用给沃尔玛带来了哪些好处？

一、物流信息采集技术

1. 条码技术

（1）条码的定义

条码技术是在计算机的应用实践中产生与发展起来的一种自动识别技术，它是实现快速、准确、可靠地采集数据的有效手段。条码技术的应用解决了数据录入与数据采集的“瓶颈”问题，为供应链管理提供了有力的支持，并贯穿于物流管理的全过程。

国家标准《物流术语》（GB/T 18354—2006）中条码的定义是：由一组规则排列的条、空及其对应字符组成的，用以表示一定信息的标识。也就是说，条码是将宽度不等的多个黑条和空白按照一定的编码规则排列，用以表达一组信息的图形标志符。常见的条码是由反射率相差很大的黑条（简称“条”）和白条（简称“空”）排成的平行线图案。条码可以标出物品的生产地、制造厂家、名称、生产日期、图书分类号，以及邮件起止地点、类别、日期等许多信息，因此在物流、图书、邮政、银行等许多领域都得到了广泛的应用。

条码是实现POS系统、电子商务、供应链管理的技术基础，是物流管理现代化、提高企业管理水平和竞争能力的重要手段。

(2) 条码的分类

目前现存的条码码制多种多样，但国际上通用的和公认的物流条码码制只有三种，即 EAN-13 条码、ITF-14 条码及 UCC/EAN-128 条码。

1) EAN-13 条码。EAN-13 条码是企业最常用的物品条码。该码是一种定长、无含义的条码，没有自校验功能。

EAN 是 European Article Numbering（即欧洲物品编码）的缩写，其中，共计 13 位代码的 EAN-13 是比较通用的一般终端物品的条码协议和标准，主要应用于超级市场和其他零售业。代码的前 3 位是国家（或地区）代码，其后 4 位是厂商识别代码，再其后 5 位是商品项目代码，最后 1 位是自动生成的校验码。比如，中华人民共和国可用的国家代码为 690～699。EAN-13 条码结构如图 7—2 所示。

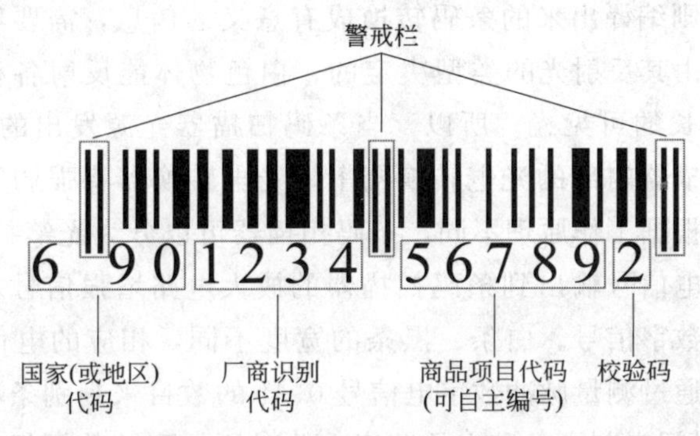

图 7—2 EAN-13 条码结构

2) ITF-14 条码。该条码是交叉二五码中的一种，主要用于物流过程中的货物储运包装箱。ITF-14 条码是一种连续型、定长，并且条、空都表示信息的双向条码，具有自校验功能。ITF-14 条码的条码字符集、条码字符的组成与交叉二五码相同，由矩形保护框、左侧空白区、条码字符、右侧空白区组成，如图 7—3 所示。

图 7—3 ITF-14 条码结构

3) UCC/EAN-128 条码。该条码也主要用于物流过程中的货物储运包装箱。它是一种连续型、非定长条码，能更多地标识贸易单元中需表示的信息，如产品批号、数量、规格、生产日期、有效期、交货地等，如图 7—4 所示。

图 7—4　UCC/EAN-128 条码结构

（3）条码的识别原理

要将按照一定规则编译出来的条码转换成有意义的信息，需要经历扫描和译码两个过程。物体的颜色是由其反射光的类型决定的，白色物体能反射各种波长的可见光，黑色物体则吸收各种波长的可见光。所以，当条码扫描器光源发出的光在条码上反射后，反射光照射到条码扫描器内部的光电转换器上，光电转换器将强弱不同的反射光信号转换成相应的电信号。根据工作原理不同，条码扫描器可以分为光笔扫描器、台式扫描器、激光扫描器等类型。电信号输出到条码扫描器的放大电路增强信号之后，再送到整形电路将模拟信号转换成数字信号。白条、黑条的宽度不同，相应的电信号持续时间长短也不同。然后，译码器通过测量脉冲数字电信号 0、1 的数目来判别条和空的数目，通过测量 0、1 信号持续的时间来判别条和空的宽度。此时所得到的数据仍然是杂乱无章的，要知道条码所包含的信息，则需根据对应的编码规则，将条形符号转换成相应的数字、字符信息。最后，由计算机系统进行数据处理与管理，物品的详细信息便被识别了。

（4）条码阅读设备

1）光笔扫描器。光笔扫描器是笔形的手持小型扫描器，如图 7—5 所示。

2）台式扫描器。台式扫描器为固定的扫描装置，手持带有条形码的卡片或证件在扫描器上移动，即可完成扫描，如图 7—6 所示。

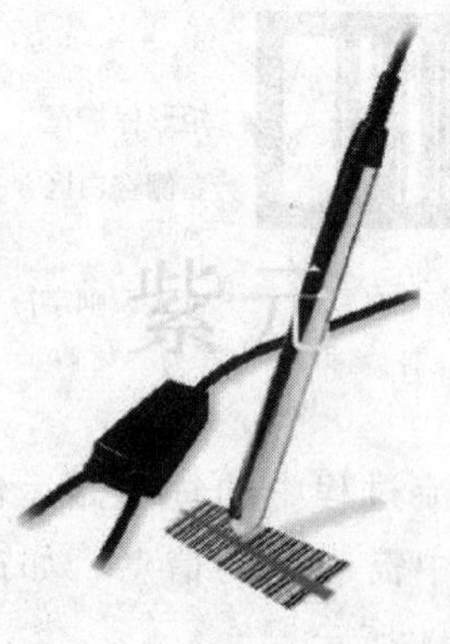

图 7—5　光笔扫描器

图 7—6　台式扫描器

3）手持式扫描器。手持式扫描器是指能手持使用和移动使用的较大的扫描器，用于静态物品扫描，如图 7—7 所示。

4）固定式光电扫描器及激光快速扫描器。固定式光电扫描器及激光快速扫描器由光学扫描器和光电转换器组成，是现在物流领域应用较多的固定式扫描设备，安装在物品运动的通道边，对物品进行逐个扫描。激光快速扫描器如图 7—8 所示。

图 7—7　手持式扫描器

图 7—8　激光快速扫描器

各种扫描设备都与后续的光电转换设备、信息信号放大设备及计算机联机形成完整的扫描阅读系统，完成电子信息采集工作。

（5）条码技术的优点

条码技术是迄今为止最经济、实用的一种自动识别技术，具有以下几个方面的优点。

1）输入速度快。条码输入的速度是键盘输入的 5 倍，并且能实现“即时数据输入”。

2）可靠性高。键盘输入数据出错率为三百分之一，采用条码技术，误码率低于百万分之一。

3）采集信息量大。利用传统的一维条码一次可采集几十位字符的信息，二维条码可以携带数千个字符的信息，并有一定的自动纠错能力。

4）灵活实用。条码标识既可以作为一种识别手段单独使用，也可以和有关识别设备组成一个系统，实现自动化识别，还可以和其他控制设备连接起来实现自动化管理。

5）条码标签易于制作，对设备和材料没有特殊要求，操作人员不需要特殊培训，识别设备相对便宜且操作容易。

2. 无线射频识别技术

（1）无线射频识别技术基本概念

无线射频识别技术又称为 RFID 技术，是一种非接触式的自动识别技术，国家标准《物流术语》（GB/T 18354—2006）中射频识别的定义为：通过射频信号识别目标对象

并获取相关数据信息的一种非接触式的自动识别技术。无线射频识别技术可识别高速运动物体并可同时识别多个标签，且无须人工干预，操作快捷方便。

无线射频识别系统是一种简单的无线系统，只有两个基本器件，用于控制、检测和跟踪物体。系统由一个询问器（或阅读器）和很多应答器（或标签）组成。

无线射频识别技术利用无线射频方式在阅读器和射频卡之间进行非接触双向数据传输，达到目标识别和数据交换的目的。

（2）无线射频识别系统的组成

最基本的无线射频识别系统由标签、阅读器和天线三部分组成：标签（即射频卡）由耦合元件及芯片组成，含有内置天线，用于与射频天线进行通信。阅读器是读取或写入标签信息的设备。天线在标签和阅读器间传递射频信号。

有的系统还通过阅读器的 RS232 或者 RS485 接口与外部计算机连接，进行数据交换。无线射频识别系统结构如图 7—9 所示。

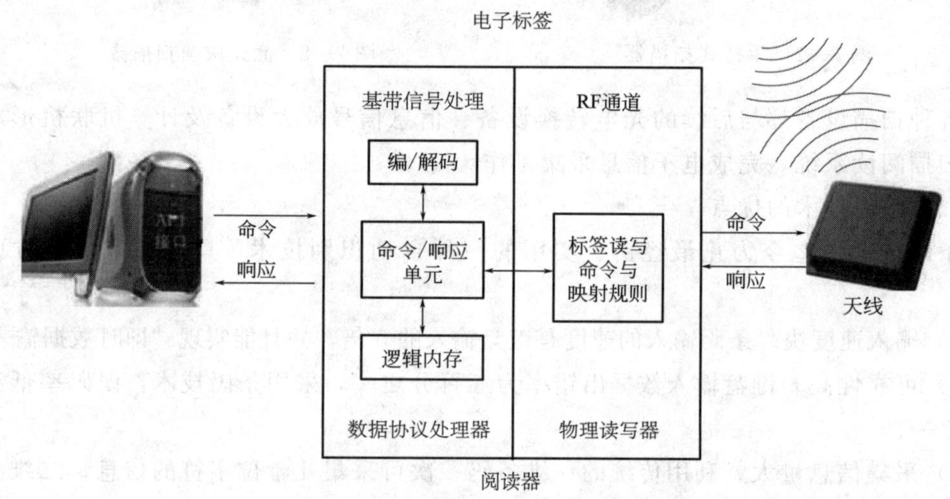

图 7—9 无线射频识别系统结构

（3）无线射频识别系统的工作原理

无线射频识别系统的基本工作原理是：标签进入磁场后，接收解读器发出的射频信号，凭借感应电流所获得的能量发送存储在芯片中的产品信息（Passive Tag，即无源标签或被动标签），或者主动发送某一频率的信号（Active Tag，即有源标签或主动标签），解读器读取信息并解码后，送至中央信息系统进行有关数据的处理。

一套完整的无线射频识别系统是由阅读器、电子标签（也就是所谓的应答器）及应用软件系统三个部分所组成。其工作原理是：阅读器发射一特定频率的无线电波能量给应答器，用以驱动应答器电路将内部的数据送出，此时阅读器便依序接收解读数据，送给应用程序做相应的处理。

阅读器根据结构和使用的技术不同，可以分成只读或读/写装置，是无线射频识别系统的信息控制和处理中心。阅读器通常由耦合模块、收发模块、控制模块和接口单元组成。阅读器和应答器之间一般采用半双工通信方式进行信息交换，同时，阅读器通过耦合给无源应答器提供能量和时序。在实际应用中，可进一步通过 Ethernet 或 WLAN 等实现对物体识别信息的采集、处理及远程传送等管理功能。应答器是无线射频识别系统的信息载体，目前应答器大多由耦合元件和微芯片组成无源单元。

（4）无线射频识别系统的应用趋势

1）无线射频识别是未来物流领域、物联网领域、供应链管理领域的关键技术。

2）无线射频识别技术应用于物流行业，可大幅提高物流管理与运作效率，降低物流成本，有望推动现代物流的加速发展。

3）无线射频识别是主流的物流动态信息采集技术，会广泛用于物联网领域。在全球供应链管理趋势下，及时掌握物品的动态信息和品质信息已成为企业盈利的关键因素。但是，由于受到自然、天气、通信、技术、法规等方面的影响，物流动态信息采集技术的发展一直受到很大制约，远远不能满足现代物流发展的需求。借助新的科技手段，完善物流动态信息采集技术，将成为物流领域下一个技术突破点。

二、电子数据交换技术

1. 电子数据交换技术的产生

现代企业活动每天都产生大量纸张单证，如订单、发票、运单、采购单、报关单、商检单、保单等，还涉及海关、商检、港口、船代、运输、银行、保险等多环节传递与处理。交易文件靠传统纸质单证、邮寄传递及人工处理已不能适应时代的要求，于是，电子数据交换技术（Electronic Data Interchange，简称“EDI”）应运而生。电子数据交换是 20 世纪 80 年代发展起来的融计算机应用、通信网络和数据标准化为一体的技术。

电子数据交换技术是指通过电子方式，采用标准化的格式，利用计算机网络进行结构化数据传输和交换的技术。

2. 电子数据交换技术的特点

（1）使用电子方法传递信息和处理数据

电子数据交换技术一方面用电子传输的方式取代了以往纸质单证的邮寄和递送，从而提高了传输效率；另一方面通过计算机处理数据取代人工处理数据，从而减少了差错和延误，如图 7—10 和图 7—11 所示。

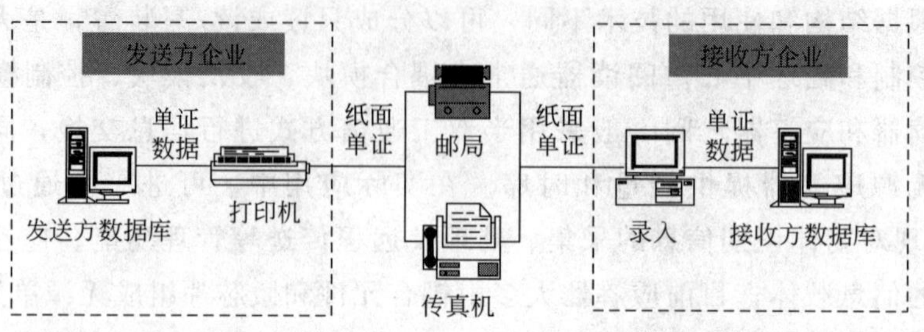

图 7—10 手工条件下物流贸易单证的传递方式

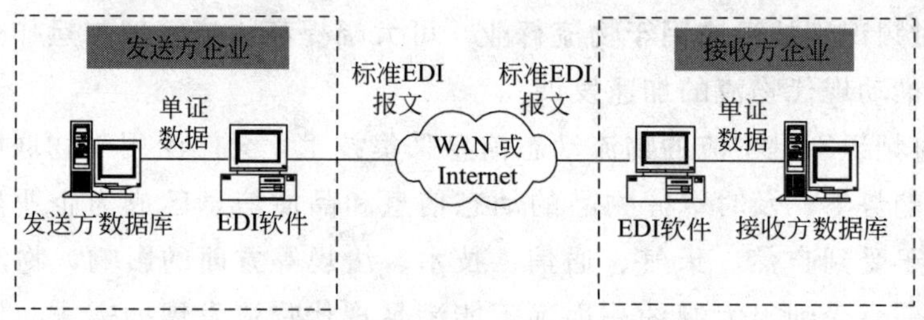

图 7—11 EDI 条件下物流贸易单证的传递方式

（2）采用统一标准编制数据信息

这是电子数据交换技术与传真等其他传递方式的重要区别，传真并没有统一格式标准，而电子数据交换技术必须有统一的标准方能运作。

（3）电子数据交换技术是计算机应用程序之间的连接

一般的电子通信手段是人与人之间的信息传递，传输的内容即使不完整、格式即使不规范，也能被人理解。这些通信手段仅仅是人与人之间的信息传递工具，不能处理和返回信息。电子数据交换技术实现的是计算机应用程序之间的信息传递与交换。由于计算机只能按照给定的程序识别和接收信息，所以电子单证必须符合标准格式，并且内容完整、准确。在电子单证符合标准且内容完整的情况下，电子数据交换系统不但能识别、接受、存储信息，还能对单证数据信息进行处理，自动制作新的电子单据并传输到有关部门。在有关部门查询发出的电子单证时，计算机还可以反馈有关信息的处理结果和进展状况。在收到一些重要电子邮件时，计算机还可以按程序自动产生电子收据并传回对方。

（4）电子数据交换系统采用加密防伪手段

电子数据交换系统有相应的保密措施，通常采用密码系统，各用户掌握自己的密码，可打开自己的“邮箱”取出信息，外人却不能打开这个“邮箱”，有关部门和企业发给用户的电子信息均自动进入用户的“邮箱”。一些重要信息在传递时还要加密，即把信息转换成他人无法识别的代码，接收方计算机按特定程序译码后还原成可识别信息。为防止有些信息在传递过程中被篡改，或防止有人传递假信息，还可以使用证实手段，即将普通信息与转变成代码的信息同时传递给接收方，接收方把代码翻译成普通信息进行比较，如果二者完全一致，说明信息未被篡改，也不是伪造的信息。

3. 电子数据交换技术的作用

（1）实现无纸贸易

采用电子数据交换技术后，原来由人工进行的单据、票证的核计、入账、结算及收发等处理均由计算机来完成，基本取消了纸张信息。据统计，美国通用汽车公司采用电子数据交换技术后，每生产一辆汽车可节约成本 250 美元，按每年生成 500 万辆计算，可以产生 12.5 亿美元的经济效益。

（2）提高经营活动效率

建立企业间的数据交换网，可以实现票据处理、数据加工等事务作业的自动化、省力化、及时化和正确化；同时，有关销售信息和库存信息共享可以实现经营活动的高效化，大大提高经营活动的效率。如果没有这一系统，即使是高度计算机化的企业，也需要经常将外来的资料重新输入本企业的计算机。调查表明，从一部计算机输出的数据有多达 70%需要再输入其他的计算机，既费时又容易出错。

据统计，美国 DEC 公司应用了电子数据交换技术后，存货期由 5 天缩短为 3 天，每笔订单费用从 125 美元降到 32 美元。新加坡采用电子数据交换贸易网络之后，海关手续所花时间从原来的 3～4 天缩短到 10～15 min。

（3）提高数据传输的准确性

采用电子数据交换技术后，由于在数据传输过程中无须人工干预，避免人为错误，因而提高了信息的准确性。

（4）提高企业竞争能力

电子数据交换技术作为开展电子贸易的一种信息化手段，可以快速提高信息传递速度，有利于快速捕捉市场信息，对客户做出快速响应，提高服务水平，降低贸易成本，提高经济效益，从而增强企业的市场竞争能力。

4. 电子数据交换技术的工作流程

电子数据交换技术利用其通信网络实现所有贸易单证的传送，并且买卖双方单证的处理全部（或大部分）由计算机自动完成。电子数据交换技术的工作流程可以划分为三大部分。

（1）文件的结构化和标准化处理

用户首先将原始的纸质商业文件或行政文件进行计算机处理，形成具有标准格式的数据文件。

（2）传输和交换

用户用本地计算机系统将形成的标准数据文件传送到登录的电子数据交换服务中心，继而转发到对方用户的计算机系统。

（3）文件的接收和自动处理

对方用户计算机系统收到发来的报文之后，立即按照特定的程序自动处理。对于一个生产企业来说，其 EDI 系统的工作过程可以描述为：企业收到一份 EDI 订单，则系统自动处理该订单，检查订单是否符合要求，然后通知企业内部管理系统安排生产，向零配件供应商订购零配件，向交通运输部门预订货运集装箱，向海关、商检等部门报关、报检，通知银行并给订货方开 EDI 发票，向保险公司申请保险单等。从而使整个商贸活动在最短时间内准确完成。

5. 电子数据交换技术在物流领域中的作用与应用

（1）电子数据交换技术在物流领域中的作用

1）使用电子数据交换技术可以实现产品采购、生产、销售的集成化，使供、需双方建立一种以市场利益驱动为主导的战略伙伴关系。

2）在物流管理中引入电子数据交换技术，可以实现群体集成化信息资源管理，保证信息传递及时，并确保信息的有效性和一致性。电子数据交换用在物流运作中的目的是充分利用现有计算机及通信网络资源，提高交易双方的信息传输效率，降低物流运作成本。具体过程如下：

第一步：发送货物业主（如生产厂家）在接到订货后制订货物运送计划，并把运送货物的清单及运送时间安排等信息通过 EDI 发送给物流运输业主和接收货物业主（如零售商），以便物流运输业主预先制订车辆调配计划，接收货物业主制订货物接收计划。

第二步：发送货物业主依据顾客订货要求和货物运送计划下达发货指令、分拣配货、打印出带物流条码的货物标签（即 SCM 标签，Shipping Carton Marking）并贴在货物包装箱上，同时把运送货物品种、数量、包装等信息通过 EDI 发送给物流运输业主和接收货物业主，他们依据请示下达车辆调配指令。

第三步：物流运输业主在向发送货物业主取运货物时，利用车载扫描读数仪读取货物标签的物流条形码，并与之前收到的货物运输数据进行核对，确认运送货物。

第四步：物流运输业主在物流中心对货物进行整理、集装，制作送货清单并通过 EDI 向接收货物业主发送发货信息，在运送货物的同时进行货物跟踪管理，并在货物交给接收货物业主之后，通过 EDI 向发送货物业主发送完成运送业务信息和运费请示信息。

第五步：接收货物业主在货物到达时，利用扫描读数仪读取货物标签的物流条码，并与先前收到的货物运输数据进行核对确认，开具收货发票，货物入库，同时通过EDI向物流运输业主和发送货物业主发送收货确认信息。

(2) 电子数据交换技术在物流领域的应用

例如，配送中心引入电子数据交换技术可改善作业流程，如图7—12所示。

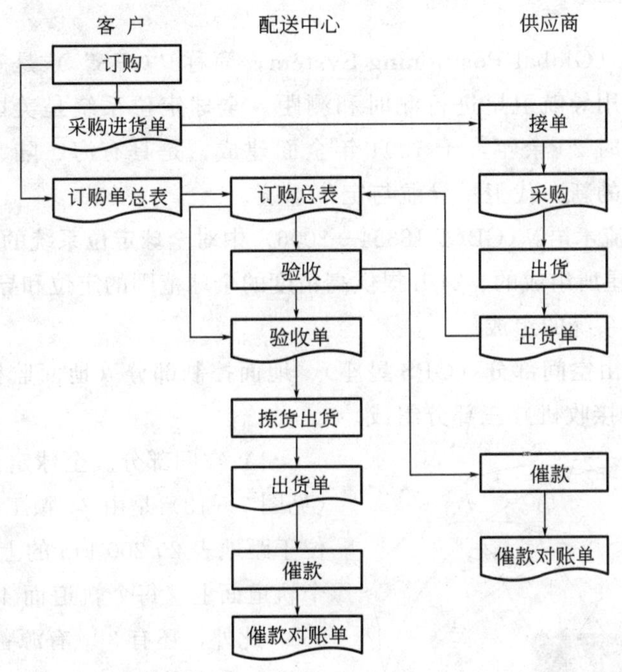

图7—12 配送中心引入电子数据交换技术

配送中心引入EDI出货单后可与自己的拣货系统集成，生成拣货单，这样就可以加快内部作业速度，缩短配货时间；在出货完成后，可将出货结果用EDI通知客户，使客户及时知道出货情况，也可尽快处理缺货情况。

对于每月的出货配送业务，配送中心可以引入EDI催款对账单，同时开发对账系统，并与出货配送系统集成，生成对账单，从而减轻财务部门每月的对账工作量，降低对账的错误率，减小业务部门的催款压力。

运输系统中引入EDI，可接收托运人传来的EDI托运单，从而可事先得知托运货物的详情，包括箱数、重量等，以便调配车辆，同时，不需重新输入托运单数据，节省人力和时间，减少人为错误。

引入电子数据交换技术还可改善托运、收货、送货、回报、对账、收款等作业流程。EDI托运数据可与发送系统集成，自动生成发送明细单；托运数据可与送货的回报作业集成，将送货结果及早回报给托运人，提高客户服务质量；此外，还可回报运费，供客户提早核对，并可运用EDI催款对账单向客户催款。

三、物流信息地理分析与动态跟踪技术

1. 全球定位系统

全球定位系统（Global Positioning System，简称“GPS”）是一种结合卫星和通信发展的技术，利用导航卫星进行测时和测距。全球定位系统是美国从 20 世纪 70 年代开始研制的，历时 20 余年，于 1994 年全面建成，是具有海、陆、空全方位实时三维导航与定位能力的新一代卫星导航与定位系统。

国家标准《物流术语》（GB/T 18354—2006）中对全球定位系统的定义是：由美国建设和控制的一组卫星所组成的、24 h 提供高精度的全球范围的定位和导航信息的系统。

（1）全球定位系统的组成

全球定位系统由空间部分（GPS 星座）、地面控制部分（地面监控系统）和用户设备部分（GPS 信号接收机）三部分组成。

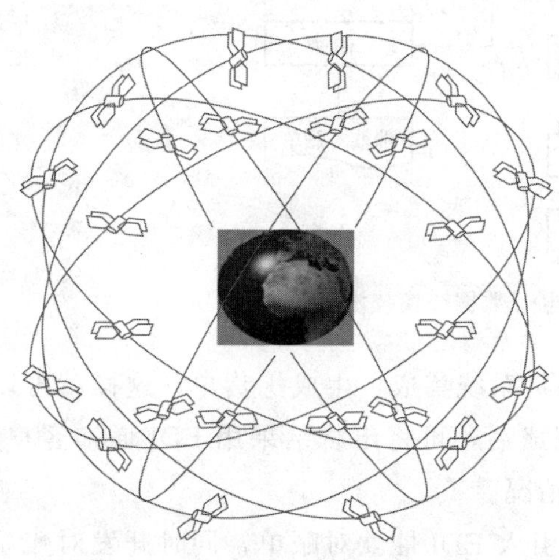

图 7—13　全球定位系统的空间部分

1）空间部分。全球定位系统的空间部分（见图 7—13）是由 24 颗工作卫星组成的，它位于距地表 20 200 km 的上空，均匀分布在 6 个轨道面上（每个轨道面 4 颗），轨道倾角为 55°。此外，还有 3 颗有源备份卫星在轨运行。卫星的分布使得全球任何地方、任何时间都可观测到 4 颗以上的卫星，并能传输具有良好定位解算精度的几何图像，这就提供了在时间上连续的全球导航能力。GPS 卫星产生两组电码，一组称为C/A码（Coarse/Acquisition Code，11 023 MHz），另一组称为 P 码（Procise Code，10 123 MHz），P 码因频率较高，不易受干扰，定位精度高，因此受美国军方管制，并设有密码，主要为美国军方服务。C/A 码主要开放给民间使用。

2）地面控制部分。地面控制部分由 1 个主控站、5 个全球监测站和 3 个地面控制站组成。监测站将取得的卫星观测数据（包括电离层和气象数据）进行初步处理后，传送到主控站。主控站从各监测站收集跟踪数据，计算出卫星的轨道和时钟参数，然后将结果送到 3 个地面控制站。地面控制站在每颗卫星运行至上空时，把这些导航数据及主控站指令注入卫星。每颗 GPS 卫星每天注入一次，且在卫星离开注入站作用范围之前进行最后的注入。如果某地面控制站发生故障，那么在卫星中预存的导航信息

还可用一段时间，但导航精度会逐渐降低。

3）用户设备部分。用户设备部分即GPS信号接收机，它能够捕获到按一定卫星截止角所选择的待测卫星，并跟踪这些卫星的运行。当GPS信号接收机捕获到跟踪的卫星信号后，即可测量出接收天线至卫星的伪距离和距离的变化率，解调出卫星轨道参数等数据。根据这些数据，GPS信号接收机中的计算机就可计算出用户所在地理位置的经纬度、高度、速度、时间等信息。GPS信号接收机硬件、机内软件和GPS数据的后处理软件包构成完整的GPS用户设备。

GPS信号接收机的结构分为天线单元和接收单元两部分，一般采用机内和机外两种直流电源。设置机内电源的目的在于更换外电源时不中断连续观测。采用机外电源时机内电池自动充电。关机后，机内电池为RAM存储器供电，防止数据丢失。目前各种类型的接收机体积越来越小，重量越来越轻，便于野外观测使用。

（2）全球定位系统的特点

全球定位系统具有全天候、不受任何天气影响、全球覆盖（高达98%）、高精度、快速、省时、高效率、应用广泛、多功能、可移动定位，以及三维定点、定速、定时等特点。

（3）全球定位系统在物流领域的应用

1）用于汽车自动定位、物品自动跟踪。车辆导航和物品自动跟踪已经成为全球定位系统应用的主要领域之一。

2）用于铁路运输管理。我国开发了基于全球定位系统的铁路计算机管理信息系统，可以通过全球定位系统和计算机网络实时收集全路列车、机车、车辆、集装箱及所运物品的动态信息，可实现列车、物品追踪管理。只要知道货车的车种、车型、车号，就可以立即从庞大的铁路网上流动着的几十万辆货车中找到该货车，还能知道这辆货车在何处运行或停在何处，以及所有的车载物品发货信息。

铁路部门运用GPS技术可大大提高其路网及其运营的透明度，为货主提供更高质量的服务。

2. 地理信息系统

（1）地理信息系统的定义

地理信息系统是指以地理空间数据为基础，采用地理模型分析方法，适时地提供多种动态的空间地理信息的计算机技术系统，简称GIS。

国家标准《物流术语》（GB/T 18354—2006）中对地理信息系统的定义是：由计算机软硬件环境、地理空间数据、系统维护和使用人员四部分组成的空间信息系统，可对整个或部分地球表层（包括大气层）空间中有关地理分布数据进行采集、储存、管理、运算、分析显示和描述。

（2）地理信息系统的功能

地理信息系统是 20 世纪 60 年代开始迅速发展起来的地理学研究成果，是多学科交叉的产物，其基本功能是将表格型数据（无论它来自数据库、电子表格文件或直接在程序中输入）转换为地理图形显示，然后对显示结果进行浏览、操作和分析。其显示范围可以从洲际地图到非常详细的街区地图，显示对象包括人口、销售情况、运输线路和其他内容。

（3）地理信息系统在物流中的应用

地理信息系统应用于物流分析，主要是指利用其强大的地理数据功能来完善物流分析技术。国外企业已经开发出利用地理信息系统进行物流分析的工具软件。完整的 GIS 物流分析软件集成了车辆路线模型、最短路径模型、网络物流模型等。

车辆路线模型用于解决一个起始点、多个终点的物品运输中如何降低物流作业费用，并保证服务质量的问题，包括决定使用多少辆车，以及每辆车的行驶路线等。

网络物流模型用于解决寻求最有效的分配物品路径问题，也就是物流网点布局问题。例如，将物品从 N 个仓库运往到 M 个商店，每个商店都有固定的需求量，因此需要确定由哪个仓库提货送给哪个商店所耗的运输代价最小。

第三节 物流信息系统

【引导案例】

当前，物流产业正处于从传统物流向现代物流过渡的巨大变革时期。信息化的采集、分类、传递、汇总、识别、跟踪、查询，机械化的包装、运输、仓储、装卸和搬运配送，都在一定程度上降低了人员成本、物资成本和资金，并且有效解决了大批量货物处理困难、人力资源不足的问题。

但总体来讲，我国国内的物流企业信息化水平参差不齐，大多数还按照较为传统的流程进行操作，有些只提供单一的服务，如仓储和运输，而没有系统的物流管理系统，也不具备能够进行物流操作管理的硬件设施，缺乏信息化的意识。

在大数据时代的背景下，庞大的物流数据量和实时实地的变化速度需要物流企业依靠现代科技进行跟踪和分析。物流企业只有完善物流信息管理系统，才能够形成一条完整的物流产业链，做到每一个流程都有迹可循。只有这样，才能够扩大自己的经营范围，减少生产成本，去除不必要的资源浪费，优化配置，增加利润，也能为客户提供更好的服务。

结合上述资料思考：物流信息系统的主要作用是什么？

物流信息技术与信息系统已经深入渗透到物流业务的很多方面，物流信息系统已经成为提升物流企业核心业务水平的至关重要的工具。

一、物流信息系统基本知识

1. 物流信息系统的概念

物流信息系统（Logistics Information System，简称“LIS”）是指由人员、设备和程序组成的，为物流管理者执行计划、实施、控制等职能提供信息的交互系统，它与物流作业系统一样都是物流系统的子系统。

物流信息系统是建立在物流信息的基础上的，只有具备了大量的物流信息，物流信息系统才能发挥作用。在物流管理中，人们要寻找最经济、最有效的方法来克服生产和消费之间的时间距离和空间距离，就必须传递和处理各种与物流相关的情报，这种情报就是物流信息。它与物流过程中的订货、收货、库存管理、发货、配送及回收等职能有机地联系在一起，使整个物流活动顺利进行。

2. 物流信息系统的基本功能

物流信息系统是物流系统的神经中枢，作为整个物流系统的指挥和控制系统，它可以分为多种子系统，具有多种基本功能。通常可以将物流信息系统的基本功能归纳为以下几个方面。

（1）数据收集和输入

物流数据的收集首先是将数据通过收集子系统从系统内部或者外部收集到预处理系统中，并整理成为系统要求的格式和形式，然后再通过输入子系统输入到物流信息系统中。这一过程是其他功能发挥作用的前提和基础，如果一开始收集和输入的信息不完全或不正确，在接下来的过程中得到的结果就可能与实际情况不一致，这将会导致严重的后果。

（2）信息存储

物流数据经过收集和输入阶段后，在处理之前，必须在系统中存储下来。即使在处理之后，若信息还有利用价值，也要将其保存下来供以后使用。物流信息系统的存储功能就是要保证已得到的物流信息不丢失、不走样、不外泄、整理得当、随时可用。

（3）信息传输

物流信息在物流系统中，一定要准确、及时地传输到各个职能环节，否则信息就会失去使用价值。这就需要物流信息系统具有克服空间障碍的功能。物流信息系统在实际运行前，必须充分考虑所要传递信息的种类、数量、频率、可靠性要求等因素。只有这些因素符合物流系统的实际需要时，物流信息系统才是有实际使用价

值的。

（4）信息处理

物流信息系统的最根本目的就是要将输入的数据加工处理成物流系统所需要的物流信息。数据和信息是不同的，数据是得到信息的基础，但数据往往不能直接利用，而信息是从数据加工得到，它可以直接利用。只有得到了具有实际使用价值的物流信息，物流信息系统的功能才能发挥。

（5）信息输出

信息输出是物流信息系统的最后一项功能，也只有在实现了这个功能后，物流信息系统的任务才算完成。信息输出必须采用便于人或计算机理解的形式，在输出形式上力求易读易懂、直观醒目。

这五项功能是物流信息系统的基本功能，缺一不可。而且，只有五个过程都没有出错，最后得到的物流信息才具有实际使用价值，否则会造成严重的后果。

二、常见的物流信息系统

1. 销售时点系统

（1）销售时点系统的概念

国家标准《物流术语》（GB/T 18354—2006）对销售时点系统定义是：利用光学式自动读取设备，按照商品的最小类别读取实时销售信息以及采购、配送等阶段发生的各种信息，并通过通讯网络将其传送给计算机系统进行加工、处理和传送的系统。

销售时点系统（POS）利用一套配有光学自动阅读与扫描系统的收银设备取代过去传统的单一功能收银机，除了能够迅速、精确地计算物品货款外，还能分门别类地读取和收集各种销售、进货、库存等数据的变化信息，资料经所连接的计算机处理、分析后，打印出各种报表，提供给管理层作为决策的依据。

（2）销售时点系统的作业流程

大多数管理制度完善的企业依据进、销、存三个主要功能形成作业体系结构。客户进入超市购物后结账取得发票离去，销售资料经由前台的收银机传回至后台的进销存系统，更改数据库中的库存资料与销售资料。当物品库存量减少至某个水平时，则需考虑物品需求而由采购系统产生订单，供应商接收订单，按事先约定的价格送货至零售商处。验收系统核对送货单与先前订单，确认无误后，将送货资料转为库存，并将验收单转至应付账款系统产生应付账资料。盘点系统则是定期核对账面与货架上的库存，确定差异后再更改库存资料。价格系统根据促销决策更改后台物品的价格资料，再传送至前台收银机的资料库中。

2. 运输管理系统

(1) 运输管理系统的概念

运输管理系统（TMS）是一种“供应链”分组下的基于网络的操作软件。它能通过多种方法和其他相关的操作一起提高物流管理能力，包括管理装运单位、指定企业内、国内和国外的发货计划，管理运输模型、基准和费用，维护运输数据，生成提单，优化运输计划，选择承运人及服务方式，招标和投标，审计和支付货运账单，处理货损索赔，安排劳动力和场所，以及管理第三方物流等。

运输管理系统的宗旨是以现代物流信息技术改造传统运输企业，提高企业竞争力，以建设一个高度现代化的物流运输网络为最终目标，为运输企业创造新的利润来源。

(2) 运输管理系统包含的模块

运输管理系统包含接单管理、运输管理、跟踪管理、运力管理、托盘管理、集装箱管理、基础设置、组织管理、系统管理等模块。

接单管理负责接受外部客户和集团总部下达的运输委托单，具体包括运输委托单的查询、增加和确认等功能。

运输管理是指通过对运力资源的优化，对需要车辆运输的运输任务进行调度，生成具体的运输作业单或外派作业单，并对作业单执行情况进行管理。由此可见，运输管理是运输管理系统的核心功能模块，它包括手工配载管理、自动配载管理、运输作业单管理、车辆出入场管理、车辆状态管理、司机状态管理、远程回单管理、按线路自动配载等功能。

运力管理模块对运输资源（如车辆、司机、轮胎等）进行管理，并详细记录车辆事故、零件维修、轮胎更换等情况，具体包括车辆档案管理、车队档案管理、司机档案管理、车辆维修保养管理、轮胎档案管理、车辆耗油管理、车辆事故管理等功能。

托盘是物流网络中最基本的存储和运输单元，涉及运输优化、库存管理和结算等一系列环节，在系统管理中占有重要地位。托盘管理包括托盘档案管理、空盘运输单管理、空盘出入库管理、托盘在库查询、托盘用况查询分析等功能。其中托盘在库查询又包括整托盘数异动、托盘库存流水、托盘库存表、自动拆盘处理、补盘通知、整盘拆盘和托盘物流汇总表等子功能模块。

集装箱管理采用计算机系统实时监控，点击鼠标就可以随时知悉集装箱的位置、状态和动态，为物流用户提供准确、迅速的服务。集装箱管理包括集装箱跟踪、车架跟踪、拖车跟踪、集装箱基础设置、集装箱档案管理、车架档案管理、拖车档案管理、提还箱地维护等功能。

(3) 运输管理系统功能结构

运输管理系统功能结构如图 7—14 所示。

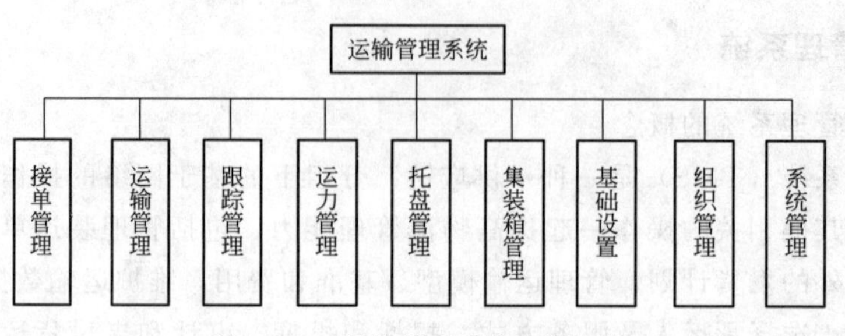

图 7—14　运输管理系统功能结构

3. 仓库管理系统

（1）仓库管理系统的概念

国家标准《物流术语》（GB/T 18354—2006）对仓库管理系统的定义是：对仓库实施全面管理的计算机信息系统。

仓库管理系统（WMS）提供仓库运作的全过程计划、可视化管理，提供了库位的智能化管理和分析，支持多种拣货方式。仓储管理与条码、无线射频识别、自动化仓库等现代物流技术实现无缝集成，帮助企业实现仓库的高效、低成本管理。仓库管理系统提供了图形化界面、智能分析决策工具辅助管理。

仓库管理是现代物流企业作业管理的核心部分。仓库管理系统能够对物品存储、出货等仓储业务进行动态安排，对仓储作业流程全过程进行电子化操作，能够与客户服务中心建立数据接口，使客户通过互联网实现远程物品管理，可以与企业的其他系统实现无缝连接。

（2）仓库管理信息系统包含的模块与功能

仓库管理系统一般具有以下几个功能模块：基本信息管理、上架管理、拣选管理、库存管理、配货管理、盘点管理、仓库管理报表、库存分析、打印管理和后台服务系统。

仓库管理系统可通过后台服务程序实现同一客户不同订单的合并和订单分配，对采用无线射频识别、纸箱标签方式的上架、拣选、补货、盘点、移库等操作进行统一调度和下达指令，并实时接收来自无线射频识别系统和终端计算机的反馈数据。整个软件业务与企业仓库物流管理各环节吻合，实现了对库存物品实时、有效的管理和控制。

1）基本信息管理。系统支持对包括品名、规格、生产厂家、产品批号、生产日期、有效期和包装等物品基本信息进行设置，货位管理功能对所有货位进行编码并存储在系统的数据库中，使系统能有效地追踪物品所处位置，也便于操作人员根据货位号迅速确定目标货位在仓库中的物理位置。

2）上架管理。在系统自动计算最佳上架货位的基础上，支持人工干预，提供已存放同品种的货位、剩余空间，根据避免存储空间浪费的原则给出建议的上架货位并按优先度排序，操作人员可以直接确认或人工调整。

3）拣选管理。拣选指令中包含位置信息和最优路径，根据货位布局确定拣选指导顺序，系统自动在无线射频识别终端的界面等相关设备中根据任务所涉及的货位给出指导性路径，避免无效穿梭，提高了单位时间内的拣选量。

4）库存管理。系统支持自动补货，自动补货算法不仅确保了拣选面存货量，也能提高仓储空间利用率，降低货位蜂窝化现象出现的概率。系统能够对货位进行逻辑细分和动态设置，在不影响自动补货算法的同时，有效地提高了空间利用率和控制精度。

5）配货管理。配货管理包括配货员配货单和货位配货清单管理。在末端配送管理中，按配货员与货品的对应关系、委托清单、线路和货位等的对应关系形成配货员配货单。对于配货员配货单，有几种流程做参数选择，不同的配送中心实体有不同的处理模式，仓库管理系统中提供了几种配货模式供用户选择。系统在生成配货员配货单时，同时生成货位配货清单。

6）盘点管理。盘点管理提供盘点计划管理、盘点表管理、盘点差异报表、盘点周期维护等功能。提供全局盘点管理，支持多种盘点模式（如循环盘点、定期盘点、不定期盘点、明盘、暗盘及包含批次盘点等），并可产生盘盈盘亏单。用户可根据实际业务需要，灵活设置不同货品的盘点周期。

7）仓库管理报表。仓库管理报表提供库存流水明细查询、出库计划查询、入库计划查询、当前库存结存表、存货收发存明细表、仓库收发存汇总表、仓库收发存日报表、仓库收发存月报表，以及仓库预计库存表查询、查看和打印功能。

8）库存分析。库存分析包括安全库存预警、最高库存预警、订货点预警、存货有效期预警、存货库龄分析、存货周转率分析等功能。

（3）仓库管理系统的结构

仓库管理系统的结构如图7—15所示。

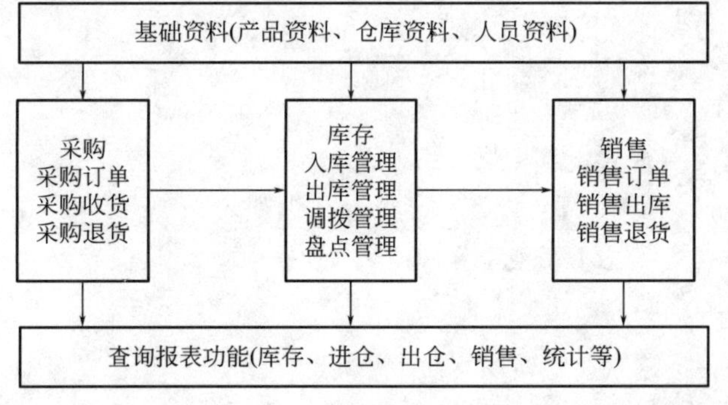

图7—15　仓库管理系统结构

思考练习题

1. 什么是物流信息？

2. 简述物流信息技术在物流活动中的作用。

3. 简述我国物流行业信息化的现状。

4. 简述条码的主要作用。

5. 试列举几种常用的一维条码码制。

6. 简述无线射频识别系统的基本组成和工作原理。

7. 简述全球定位系统在物流活动中的应用。

8. 简述物流信息系统的基本功能。

9. 什么是运输管理信息系统？什么是仓库管理信息系统？简述它们在物流作业活动中的应用。

第八章　采购与供应链管理

随着人类社会的进步，采购无论是在形式上还是职能上都发生了变化，但不变的是，采购仍然是各个企业所共有的职能，也是企业经营开始的环节，同样也为企业降低成本、增加盈利创造条件。面对市场竞争日益激烈、用户需求的不确定性和个性化增加、高新技术迅猛发展、产品寿命周期缩短和产品结构越来越复杂的环境，以生产和产品为中心的管理模式已经不能适应现代市场竞争的需要，取而代之的是以客户为中心的供应链管理。相应地，企业之间的竞争也变为供应链之间的竞争。

第一节　物流采购

【引导案例】

吉利集团自 1997 年进入汽车行业以来取得了快速的发展，连续六年进入全国企业 500 强，连续四年进入中国汽车行业十强。

吉利集团通过采购供应链管理系统平台和相关信息系统的结合，在供应链上比较好地实现了精益生产和准时化供货，从而最大程度控制了制品库存，实现了供应商按班次供货和供应商日供货，从而大大降低了供应链上的零部件库存，提高了供应链应对需求变化的弹性。

同时，汽车售后服务管理系统是目前吉利集团信息化建设中涉及面最广的系统，给集团信息化建设积累了难得的经验。

吉利集团应用采购供应链管理系统平台产生的经济效益，主要体现在采购成本的降低方面。

结合上述吉利集团采取的物流策略，思考：供应链采购系统对效益的提高主要表现在哪些方面？采购有哪些作用？

采购是企业供应链管理过程的主导力量。好的采购能帮助企业降低成本、提高质量、提升响应速度、推动创新和改进、降低运营风险，从而带来竞争优势。在电子商

务大发展、大数据和云计算等新技术层出不穷的时代，“互联网＋采购”使采购管理借助互联网的先进技术和理念得到全新的飞跃。

一、采购的概念

采购可以分为广义的采购与狭义的采购。广义的采购可以理解为从环境获取所需的有形物质或无形服务的行为。狭义的采购可以理解为以不同方式通过努力从系统外部获得物品、工程和服务的整个采办过程。物品采购是指各企业及个人为获取物品，对获取物品的渠道、方式、质量、价格、时间等进行预测、抉择，把货币资金转化为物品的交易过程。

以上定义都涉及采购主体与采购客体。采购主体指的是政府、事业单位、企业、家庭、个人消费者。采购客体指的是有形物品（如生产资料与生活资料）与无形物品（如软件、技术、服务等）。把采购主体与采购客体联系起来的是市场。

二、采购的性质、目标和价值

1. 采购的性质

采购是企业向供应商获取物品或服务的一种商业行为，企业经营活动所需要的物资绝大部分是通过采购获得的，采购是企业物流管理的起始点。

采购成本是企业产品成本的主要组成部分，采购是企业进行成本控制的起点。所购材料的品质直接关系到产品质量，要想为顾客提供价钱便宜、质量又好的产品，就必须要做好采购工作。

2. 采购的目标

采购的目标就是追求物美价廉的商品，并且要有较短的交货期。“物美”指的是采购的结果应该满足采购人的使用需求，采购的工程、物品或服务应达到一定的质量标准。“价廉”指的是在满足采购人使用需求的前提下，本着经济、节约的原则，以合理的采购成本获得所需的工程、物品或服务，提高采购资金使用效益，不能片面理解为追求低价。由于市场需求的变化，现代采购要求即时采购或较短的采购周期。

采购的目标也可以理解为以合适的价格，在合适的时间，从正确的供应商处购买到数量和质量合适的商品或服务。

3. 采购的核心价值

采购的核心价值主要体现在以下六个方面：

（1）影响成本结构

因为物料成本占总成本的比例往往最大，在降低成本时一般要求更低的采购成本，以求降低整体成本。

（2）影响交付周期与产品上市

因为企业与企业的竞争已经转化为供应链与供应链之间的竞争，所以最终产品的交付与进入市场离不开采购部门的配合。

（3）影响应变能力

企业的竞争能力之一就是快速响应客户需求的变化，采购部门的准时交货能力与物料库存控制能力会影响企业的快速反应能力。

（4）影响产品质量

物料质量的波动将直接影响产品质量，进而影响企业的信誉。

（5）影响企业利润

采购成本控制能力的高低直接影响企业的盈利水平。

（6）影响供应商关系

采购的物料质量差，会影响企业对供应商的信任程度，进而影响企业和供应商的关系。企业与供应商业务关系的好坏会影响企业业务的正常运作。

三、采购的分类

1. 按照采购范围分类

按照范围不同，采购可分为国内采购和国外采购。

（1）国内采购

国内采购是指企业以本币向国内供应商采购所需物资的一种行为。国内采购主要是指在国内市场采购，并不是指采购的物资都一定是在国内生产的，也可以向国外企业设在国内的代理商采购所需要的物资，只是以本币支付货款，不需要外汇结算。

（2）国外采购

国外采购又称国际采购和全球采购，主要是指国内采购企业直接向国外厂商采购所需物资的一种行为，需要外汇结算。

2. 按照采购时间分类

按照时间不同，采购可分为长期合同采购和短期合同采购。

（1）长期合同采购

长期合同采购是指采购商和供应商通过合同稳定双方的交易关系，合同期一般在

一年以上。

（2）短期合同采购

短期合同采购是指采购商和供应商通过合同实现一次交易，以满足生产经营活动的需要。短期合同采购适用于非经常消耗品、价格波动较大商品和质量不稳定商品的采购。

3. 按照采购的作用分类

按照作用不同，采购可分为日常采购与战略采购。

（1）日常采购

日常采购是指采购人员根据确定的供应协议和条款，以及企业的物料需求时间计划，以采购订单的形式向供应方发出需求信息，并安排和跟踪整个物流过程，确保物料按时到达企业，支持企业的正常运营。

（2）战略采购

战略采购是指采购人员根据企业的经营战略需求制定和执行本企业的物料获得规划，通过内部客户需求分析，以及外部供应市场、竞争对手、供应基础等分析，设定物料的战略性采购目标、达成目标所需的采购策略及行动计划，并通过行动寻找到合适的供应资源，满足企业在成本、质量、时间、技术等方面的综合要求。

4. 按照采购价格方式分类

按照价格方式不同，采购可分为招标采购、询价采购、比价采购、议价采购和公开市场采购。

（1）招标采购

招标采购是买方（招标人）通过公开的方式提出交易条件，并由卖方（投标人）响应该条件而达成货物、工程和服务采购的行为。

（2）询价采购

询价采购是采购方向选定的供应商发出询价函，让供应商报价，根据报价来选定供应商的方法。这是一种简单、快速的采购方法，适用于合同价值较低的一般性工程、货物和服务的采购。

（3）比价采购

比价采购是在选定三家以上供应商的基础上，由供应商报价，采购方比价，最后选择报价最低者的一种采购行为。

（4）议价采购

议价采购是买卖双方直接讨价还价实现交易的一种采购行为。

（5）公开市场采购

公开市场采购是采购方在公开交易或拍卖场所随时、机动采购，一般适用于采购大宗、价格变动非常频繁的货物。

四、采购业务的一般流程

1. 确定需求和制订采购计划

确定需求是采购流程的初始环节。负责具体业务活动的人员应该清楚地知道各部门独特的需求。需求的确认过程是采购部门收到采购申请、制订采购计划的过程。

2. 搜寻并分析供应源

这是采购作业的第二步。分析采购来源时，首先列出供应商名单，这份名单可能来自多个渠道，如市场代表同供应商打交道的经验、相关数据库、专业期刊等。买方可以用不同的标准评价潜在的供应商，如供应商实力、质量承诺、管理水平、技术能力、成本控制、送货服务、优化流程和开发产品的能力等，选择合适的供应商。

3. 确定价格

确定价格的方法有很多种，其中最为常见的有竞争性报价和谈判两种。竞争性报价是买方向意愿合作的供应商发出询问。谈判是确定价格的方法中最复杂、成本最高的一种，需要双方通过商谈，就一项采购/销售合同的主要条款（如运输、价格、包装、规格及条件）达成共识。

4. 拟定并发出订单

订单是采购方向供应方发出的有关货物的详细信息和指令。采购订单根据供应商的要求、供应商的情况、企业本身的管理要求、采购方针等要求的不同而各不相同。

5. 订单跟踪和跟催

对订单进行例行跟踪可以确保供应商能够履行货物发运的承诺。

催货是对供应商施加压力，使其按期履行最初所做的发运承诺、提前发运货物或是加快延误订单的发运。

6. 货物检验和接收

采购方在接受采购货物之前要对货物进行检验，检验完毕后要对符合条件的货物进行接收。

7. 开票和支付货款

采购部门应向财务部门提供采购货物检验合格及已入库证明，连同发票一起向财务部门申领支票用于支付货款。

8. 记录维护

记录维护是指把采购部门与订单有关的文件副本进行汇集归档，并把想保存的信息转化为相关的记录。

五、现代采购主要方式（JIT 采购）介绍

JIT 采购指的是只在需要的时候按照需要的品质和数量订购企业所需要的原材料和外购件。

1. JIT 采购的特点

在传统意义上，企业物品采购的目的是以最低的成本费用来获取所需要的原材料和外购件。在 JIT 环境下，采购功能发生了深刻的变化，见表 8—1。

表 8—1　JIT 采购与传统采购的比较

项目	JIT 采购	传统采购
基础	基于需求	基于库存
追求	零库存	高库存
主动形式	供应商主动	用户主动
推动形式	需求拉动式	供应推进式
信息形式	看板流	通常信息流
作业持续性	期间持续性行为	一次性行为
采购批量	小批量，送货频率高	大批量，送货频率低
供应商选择	单源供应，长期合作关系	多源供应，短期合作关系
供应商评价	质量、价格等	价格、质量等
磋商重点	长期合作关系、质量和合理的价格	获取最低的价格
运输	准时送货，采购者负责计划安排	成本较低，供应商负责计划安排
包装	特定要求	常规包装
检验	开始时逐步减少，最终取消	收货、数量统计、品质鉴定
信息交换	快速、可靠	一般要求

不难看出，JIT 采购的主要特点有如下方面。

(1) 单源供应

同一种原材料或外购件只从一个供应商那里采购。JIT 采购认为，最理想的供应商数目是每一种原材料或外购件只有一个供应商。

(2) 小批量采购

小批量是 JIT 采购的又一基本特征。由于企业生产对原材料和外购件的需求是不确定的，而 JIT 采购又旨在消除原材料和外购件库存，为了保证准时、按质、按量供应所需的原材料和外购件，采购必然是小批量的。

(3) 合理选择供应商

JIT 采购采用单源供应，对供应商的合理选择就显得尤其重要。可以说，选择合格的供应商是 JIT 采购能否成功实施的关键。

(4) 从根源上保障采购质量

为了保障企业生产经营的顺利进行，采购物品的质量必须从根源上抓起。采购方购买的原材料和外购件的质量应由供应商负责。JIT 采购就是要把质量责任返回到供应商，从根源上保障采购质量。为此，供应商必须参与制造商的产品设计过程，制造商也应帮助供应商提高技术能力和管理水平。

(5) 可靠的送货和特定的包装要求

由于 JIT 采购消除了原材料和外购件的缓冲库存，供应商交货失误和送货延迟必将导致企业生产线停工。因此，可靠的送货是实施 JIT 采购的前提条件。而送货的可靠性常取决于供应商的生产能力和运输条件，一些不可预料的因素可能引起送货延迟。当然，最理想的送货是直接将货送到生产线上。

JIT 采购对原材料和外购件的包装提出了特定的要求。最理想的情况是对每一种原材料和外购件采用标准规格且可重复使用的包装，这样既可提高运输效率，又能保证交货的准确性。

(6) 有效的信息交换

只有供需双方进行可靠而快速的双向信息交流，才能保证所需的原材料和外购件准时按量供应。同时，充分的信息交换可以增强供应商的应变能力。所以，实施 JIT 采购要求供应商和制造商之间进行有效的信息交换。

2. JIT 采购的实施步骤

(1) 成立 JIT 采购班组

成立 JIT 采购班组，由购货者和计划制订者或采购专家领导，成员包括产品技术人员、生产人员、质量控制人员、财务人员等。而且，应对这些人员进行有关 JIT 采购策略的教育培训，使他们熟知 JIT 采购的要求。

（2）制订采购实施计划

采购班组要制订实施计划，明确规定未来的采购策略和具体的实施步骤。采购策略除了包括改进当前采购方式的措施外，还应包括减少基本供应商的数量、供应商的评估标准、向供应商核发证件、原材料和外购件的库存管理、对生产线的持续支持等内容。

（3）精选少数几家供应商建立伙伴关系

供应商和制造商之间的互利伙伴关系意味着双方共同承担长期协作的义务。在这种关系的基础上，双方发展共同的目标，分享共同的利益。

（4）选择试点

JIT 采购是一项规模宏大的工作，为了工作的顺利开展，必须进行试点，逐步摸索经验。

（5）搞好供应商的培训，明确共同努力目标

应该对已选定作为试点的供应商进行 JIT 管理原则的培训，使他们理解制造商的改革措施和将来可能对他们提出的要求。为了满足这些要求，供应商在自己的企业里也可以按需要实施 JIT 管理原则。

（6）给供应商颁发产品免检证书

在实施 JIT 采购策略时，核发免检证书是非常关键的一步。颁发免检证书的前提是供应商的产品全部合格。为此，核发免检证书时，要求供应商提供最新的、正确的、完整的产品质量文件，包括设计图、规格、检验程序，以及其他必要的内容。

（7）实现准时的交货方式

向供应商采购的原材料和外购件要实现这样的交货方式：当正好需要某物品时，该物品就运抵卸货点，并随之直接运至生产线，生产线拉动它所需的物品，并在制造产品时使用该物品。

（8）继续改进，扩大成果

实施 JIT 采购策略是一个持续的过程，不同的供应商处于不同的实施阶段，即使所有的基本要求都达到了，也应继续不断地进行改进。而且，应该尽快地推广 JIT 采购策略，以确保整个供应链成功实施 JIT。

六、供应商管理

供应商管理是企业保证物资供应、确保采购质量和节约采购资金的重要环节。供应商管理最主要的两个研究领域及成果是供应商的选择和供应商的关系管理。因此，供应商管理就是对供应商进行分类、减少供应商的数目、开发有潜力的新供应商、扶持优秀的供应商。

1. 供应商分类与管理

根据采购金额与供应风险的大小不同，可将供应商分为一般型供应商、杠杆型供应商、瓶颈型供应商和战略型供应商，见表8—2。

表8—2　　供应商分类

供应风险 采购金额	供应风险小	供应风险大
采购金额不大	一般型供应商	瓶颈型供应商
采购金额很大	杠杆型供应商	战略型供应商

对于一般型供应商，管理的要点是精简内部流程，用最简单的方法去采购。对于战略型供应商，管理的要点是建立双赢伙伴关系，致力于长期紧密合作。对于杠杆型供应商，管理的要点是财务杠杆作用最大化，价格越低越好。对于瓶颈型供应商，管理的要点是降低风险，保障供应。

在采购管理中，要减少一般型与杠杆型供应商的数目，要开发有潜力的瓶颈型供应商，要扶持现有优秀的战略型供应商。

2. 供应商选择与认可

开发与认可优秀供应商是采购的基本职责，目的是寻求适质、适量、适价、适时、适地的货源与优秀的合作伙伴。选择良好的供应商并同其维持稳定的合作关系，将会使企业整体的供应能力得到提高。企业面临着诸多可供选择的供应商，对供应商的评估与选择变得复杂。因此，需要科学地选择供应商。

选择供应商时至少要考虑三个最基本的因素，即质量、价格与交货期。

质量方面要求供应商符合或超出质量指标。价格方面要求供应商具备价格优势。交货方面要求供应商具有简洁、快速、顺畅的物流系统，能够确保快速、准时交货。

3. 供应商评估与激励

供应商经过认可，供需双方就可以进行商务交往了。供需双方需要签订总体采购协议，进行来料检查、定期评审和绩效考核等。

供应商绩效评估的主要内容包括来料质量评估、解决质量问题、工厂质量审核（在出现重大质量问题时，可随时进行工厂质量审核）、商业审核（供应链环节出现悬而未决的问题时，可进行供应商其他内容的评估）与供应商的业绩回顾（质量、价格、交货、服务等）。

绩效评估的结果只有两种：供应商表现好，可以进一步探讨双赢的合作模式；供应商表现不好，供需双方就要一起去分析原因，制定对策，寻求改善。

供应商绩效指标通常有合同履约率、准时交货率、质量合格率、让步接收率、拒收率、交货期缩短率、成本降低率、质量保证能力提升率等。

供应商的绩效评估只是手段，改善供应品质才是目标。改善供应商绩效的主要方法有建立供应商的绩效评估指标，鼓励供应商早期参与产品开发，同供应商加强沟通，辅导供应商改善项目。

供应商的激励方式包括精神激励与物质激励。要以物质激励为主，精神激励为辅。物质激励的手段常采用提高采购份额、签订长期采购合同、实行产品免检制度，以及将供应商的培训纳入采购方的采购项目管理中。

目前，在企业界，战略采购促成以下变化：采购从关注单价到更多地关注总成本，供应商的数目由多到少甚至到减少到一个，供需双方的关系由短期交易到长期合作，供应商主动参与产品开发与设计。

第二节　供应链管理

【引导案例】

DELL 公司的供应链管理一直被视为全球的典范之一。DELL 公司的供应链覆盖了产品设计、产品制造、库存管理、信息系统、网络分布、销售及市场推广的整个过程。

DELL 公司为完成供应链管理，做到了以下两点：一是通过供应链管理平台整合外部资源，二是将渠道流程优化作为供应链管理的实现策略。

DELL 公司的供应链管理之所以能成功，根本原因在于其供应链管理始终以渠道流程优化为核心实现策略，具体表现在以下三个方面：直销原则、以信息代替存货、价值整体创造。

DELL 公司的核心竞争力就是把所有的资源整合在一起，以“链主”的身份打造一条成功的供应链。DELL 供应链最关键的地方在于对生产和制造过程的控制，包括物流。

结合上述 DELL 公司在供应链上进行的运作，思考：DELL 公司实施供应链管理有何成功之处？DELL 公司供应链管理对我国企业有何启示？

一、供应链的概念

供应链是围绕核心企业，通过对信息流、物流、资金流的控制，从采购原材料开始，经过制成中间产品以及最终产品，最后由销售网络把产品送到消费者手中，将供应商、制造商、分销商、零售商直到最终用户连成一个整体的功能网络。它不仅是一条连接供应商到用户的物流链、信息链、资金链，而且是一条增值链，物料在供应链上因加工、包装、运输等过程而增加价值，给相关企业带来收益。供应链的网链结构如图 8—1 所示。

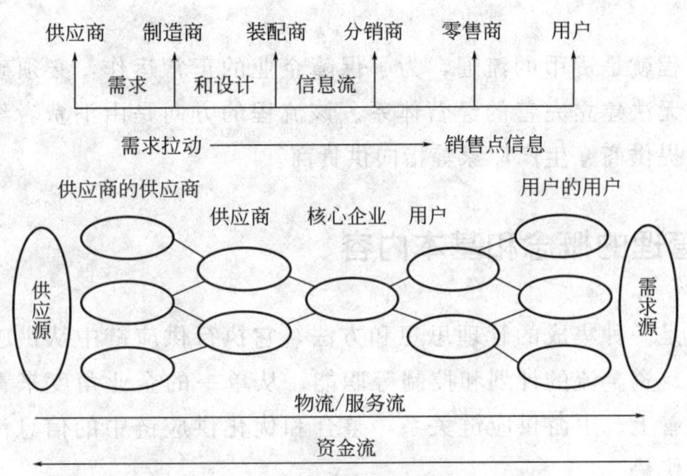

图 8—1　供应链的网链结构

国家标准《物流术语》（GB/T 18354—2006）对供应链的定义是：生产及流通过程中，涉及将产品或服务提供给最终用户所形成的网链结构。

现代企业之间的竞争已经被供应链与供应链之间的竞争取代。

二、构成供应链的基本要素

一般来说，构成供应链的基本要素包括供应商、生产厂家、分销企业、零售企业和物流企业。供应商即给生产厂家提供原材料或零、部件的企业。生产厂家即产品制造企业，是产品生产的最重要环节，负责产品开发、生产和售后技术支持等。分销企业是指为实现将产品送到经营范围每一角落而设的产品流通代理企业。零售企业是指将产品销售给消费者的企业。物流企业即在上述企业之外的专门提供物流服务的企业。

三、供应链的主要流程

供应链一般包括物资流通、商业流通、信息流通、资金流通四个流程。四个流程有各自不同的功能以及不同的流通方向。

物资流通流程主要是指物资或商品的流通过程。该流程的方向是使物资或商品由供货商经由生产厂家、批发商与物流服务提供商、零售商等到达消费者手中。这个流

程涉及如何在物资流通过程中短时间内以低成本将货物送出去。

商业流通流程主要是买卖的流通过程，包括接受订货、签订合同等流程。该流程是在供货商与消费者之间双向流动的。

信息流通流程是物品及交易信息的流程。该流程也是在供货商与消费者之间双向流动的。

资金流通流程就是货币的流通，为了保障企业的正常运作，必须确保资金及时回收，否则企业就无法建立完善的经营体系。该流程的方向是由消费者经由零售商、批发商与物流服务提供商、生产厂家等指向供货商。

四、供应链管理的概念和基本内容

供应链管理是一种集成的管理思想和方法，它执行供应链中从供应商到最终用户的物流、信息流、资金流的计划和控制等职能。从单一的企业角度来看，供应链管理是指企业通过改善上、下游供应链关系，整合和优化供应链中的信息流、物流、资金流，以获得竞争优势。

供应链管理表现了企业在战略和战术上对整个作业流程的优化：整合并优化供应商、制造商、零售商的业务效率，使商品以正确的数量、正确的品质、最佳的成本，在正确的地点、正确的时间进行生产和销售。

国家标准《物流术语》（GB/T 18354—2006）对供应链管理的定义是：对供应链涉及的全部活动进行计划、组织、协调与控制。

供应链管理包括五大基本内容，分别是规划、采购、制造、物流和退货。

1. 规划

规划是供应链管理的策略性部分。需要有一个策略来管理整个链条上的资源，以满足客户对产品的需求。较好的规划是建立一系列的方法监控供应链，使它能够有效、低成本地为客户提供高质量和高价值的产品或服务。

2. 采购

采购是指选择能提供货品和服务的供应商，与供应商建立一套定价、配送和付款流程并创造一些方法监控和改善管理，并与对供应商提供的货品和服务的管理流程结合起来，包括提货、核实货单、转送物品到制造企业并批准对供应商的付款等。

3. 制造

制造是指安排生产、测试、包装和准备送货所需的活动，是供应链中可测量内容最多的部分，包括质量水平、产品产量和工人生产效率等的测量。

4. 物流

物流是指调整用户的订单收据、建立仓库网络、派物流人员提货并送货到客户手中、建立货品计价系统、接收货款等活动。

5. 退货

退货是供应链中的问题处理部分，是指建立网络接收客户退回的次品和多余产品，并在客户应用产品出问题时提供技术支持。

五、供应链管理的目标

供应链管理的目标是在满足客户需要的前提下，对整个供应链（从供货商、制造商、分销商到消费者）的各个环节（如从采购、物料管理、生产、配送、营销到消费者的整个供应链的物流、信息流和资金流）进行综合管理，把供应链成本降到最低。

供应链管理的目标是要将顾客所需的正确的产品在正确的时间，按照正确的数量、正确的质量和正确的状态送到正确的地点，并使总成本达到最优化。

一家企业采用供应链管理的最终目的至少有三个：

1. 通过提高交货的可靠性和灵活性来提升客户的最大满意度，进一步扩大市场份额。

2. 借助于降低库存、减少生产及分销的费用降低企业的成本。

3. 通过企业整体流程最优化，应对不确定性需求。

六、供应链管理的内涵

1. 供应链管理把产品在满足客户需求的过程中对成本有影响的各个成员单位都考虑在内，包括原材料供应商、制造商、分销商。实际上在供应链分析中，也要考虑供应商的供应商和客户的客户，因为它们对供应链的业绩也是有影响的。

2. 供应链管理的目的在于追求整个供应链的整体效率，总是力图使系统总成本降至最低。因此，供应链管理的重点不在于简单地使某个供应链成员的运输成本达到最低或减少库存，而在于通过采用系统方法协调供应链成员，使整个供应链总成本最低，使整个供应链系统运作最流畅。

3. 供应链管理是围绕把供应商、制造商、配送中心和分销商有机结合成一体这个问题来展开的，它包括企业许多层次上的活动，如战略层次、战术层次和作业层次等。

尽管在实际的物流管理中，只有通过供应链的有机整合，企业才能显著地降低成本和提高服务水平。但是在实践中，供应链的整合是非常困难的，原因有以下几点。首先，供应链中的不同成员存在着不同的、相互冲突的目标。比如，供应商一般希望制造商进行数量稳定的大量采购，而交货期可以灵活变动；与供应商愿望相反，尽管大多数制造商愿意实施长期生产运转，但它们必须顾及客户的需求和变化，并积极响应，这就要求制造商灵活地选择采购策略。因此，供应商的目标与制造商追求灵活性的目标之间就不可避免地存在矛盾。其次，供应链是一个动态的系统，随时间而不断地变化。事实上，不仅客户需求和供应能力随时间而变化，而且供应链成员之间的关系也会随时间而变化。比如，随着客户购买力的提高，供应商和制造商均面临着更大的压力来生产更多品种、更具个性化的高质量产品，最终生产定制化的产品。

供应链管理的目的是使企业更好地采购制造产品和提供服务所需的原材料、生产产品和提供服务并将其提供给客户。

七、供应链管理与传统管理的区别

1. 供应链管理是一种集成化管理模式

传统的管理模式以职能部门为基础，往往由于职能矛盾、利益目标冲突、信息分散等原因，各职能部门无法完全发挥其潜在效能，因而很难实现整体目标最优化。而供应链管理把供应链中的所有节点企业看成一个整体，以供应链的流程为基础，物流、信息流、价值流、资金流、工作流贯穿于供应链全过程。传统管理与供应链管理的区别见表 8—3。

表 8—3　传统管理与供应链管理的区别

类别	传统管理	供应链管理
库存管理	企业为主	供应链成员间协商
存货流	间断	平衡/可见
成本	企业最小	最终客户成本
信息	企业控制	分享
风险	企业为主	分担
计划	企业内	供应链成员间
组织间关系	企业内降低成本	基于最终成本的合作
管理基础	以职能部门为基础	以供应链流程为基础

2. 供应链是全过程的战略管理

供应链是由供应商、制造商、分销商、零售商、客户组成的网络结构，链中各环节不是彼此分割的，而是环环相扣的一个有机整体。因此，从整体上考虑，只有运用战略管理的思想才能有效实现供应链的管理目标。

3. 供应链管理提出了全新的库存观

传统的库存管理思想认为，库存是维系生产与销售的必要措施，企业在不同市场环境下与其上、下游企业之间只是实现库存的转移，整个社会的库存量并未减少。实施供应链管理使供应链上各个成员之间建立了战略合作伙伴关系，库存水平得以在供应链成员中协调，通过快速反应致力于总体库存的大幅度降低。库存是供应链管理的平衡机制。

4. 供应链管理以最终用户为中心

不管供应链连接的企业有多少种类型，也不论供应链是长是短，供应链都是由客户需求驱动的，正是最终用户的需求才使得供应链得以存在；而且，只有客户取得成功，供应链才能延续发展。因此，供应链管理必须以最终客户为中心，将客户服务、客户满意与客户成功作为出发点，并贯穿于供应链管理的全过程。

5. 供应链管理强调风险共担

传统管理模式中各企业是相互独立的，企业间是绝对的竞争关系，因此，企业并不关心其他企业的风险。但是，供应链的思想需要风险共担才能实现。例如，与第三方物流企业共担风险的方法有：保证在规定的时间提供一定的业务量，以减少第三方物流企业失去业务的风险，以及投资固定资产，共担风险。

八、供应链管理的性能评价指标

供应链管理性能评价的关键指标有速度、柔性、质量、成本、服务和库存水平。

1. 速度

速度是指原材料、零部件、最终产品、各种信息流经过供应链的快慢程度。它反映了供应链的运作效率。在一个拥有高速度的供应链中，每一件事都能快速完成，从而使产出时间缩短，库存水平降低，生产效率提高，产品成本降低。

2. 柔性

柔性是指响应新的市场需求或需求变化的能力，包括设计柔性和生产柔性。设计柔性是企业设计新产品和改进现有产品的能力。生产柔性是企业快速改变产品品种进行组合生产的能力。

3. 质量

质量是指设计、生产、交付产品、售后服务和传递信息的优良程度，它用来检验信息、产品、零部件等与预期要求符合的程度，包括产品外形、适用性、功能、可靠性、一致性和精度等。

4. 成本

成本是指供应链中原材料变换为产成品的费用。供应链中物料的流动是一个价值增值的过程，其中的单位产品价值增值量是供应链生产效率的量度。

5. 服务

服务是指规定交货期内的产品交付率、未及时交货时的处理方式，以及售后服务态度等。用户满意是供应链管理的最终目的，用户满意度通常就是以服务质量来检验的。

6. 库存水平

库存水平包括原材料库存、生产过程中的中间产品库存和最终产品库存。所有的企业都希望将库存降低到最低水平，同时又必须保留一定的安全库存，以保证必要的需求柔性。适量的库存是保证供应链柔性的重要因素。

供应链必须在速度、柔性、质量、成本、服务和库存水平六个方面都设计得完善、合理，才能为供应链各个成员企业带来经济效益，为顾客提供优质的产品与服务。

思考练习题

1. 什么是采购？
2. 采购的分类有哪些？
3. 什么是JIT采购？
4. 采购的目标是什么？

5. 供应商管理的含义是什么？

6. 供应商绩效评估的主要内容是什么？

7. 什么是供应链？

8. 什么是供应链管理？

9. 供应链管理的主要目标是什么？

10. 供应链管理的性能评价指标是什么？

第九章　电子商务与物流

电子商务的兴起，不但加快了经济全球化的脚步，也极大地冲击着中小型企业的传统经营模式。无论是从促进消费、带动投资角度，还是从带动就业、促进创新角度，电子商务都已经成为我国经济转型升级的一个重要驱动力。随着电子商务的不断发展，企业对物流的需求也越来越高。

第一节　电子商务基本知识

【引导案例】

杰夫·贝索斯是亚马逊网上书店的创始人。1994 年，29 岁的他在一家投资银行任高级副总裁。当了解到互联网用户每年增长 2 300%时，他意识到了巨大的商机，并选择了辞职，转而投资于一种他认为可以在网络上畅销的产品，并很快选择了图书。为什么会选中图书呢？他认为，图书品种多，没有哪一家书店能容纳下全部书籍，而虚拟书店可以做到。另外一个原因就是图书市场没有“巨人”，而且图书本身价格不高，物流配送也十分方便。

1995 年 7 月，杰夫·贝索斯在西雅图以 30 万美元的第一笔投资创业成立 Amazon. com。1997 年，Amazon. com 成为全球最大的网上书店，销售额达到 1.47 亿美元。1999 年 2 月，亚马逊网上书店融资 10 亿美元，当年收入 16 亿美元。2000 年年底，亚马逊网上书店全球客户数突破2 000万人。杰夫·贝索斯以其卓越的业绩被称为“电子商务之父”。

思考：为什么亚马逊网上书店能如此快速地发展和壮大起来？

一、电子商务的概念和特点

1. 电子商务的概念

电子商务（Electronic Commerce，简称“EC”）是以现代信息技术为基础，以电子化方式为手段进行的商务活动过程。顾名思义，其内容包含两个方面，一是电子化方式，二是商务活动。

从狭义上讲，电子商务作为一种新型的商业模式，可以帮助企业在全球范围内开展商业贸易活动，并利用计算机网络和多媒体等信息技术，有效地把商品的资源管理和人们的交易行为结合起来，从而实现各商业主体之间的信息交换、业务处理、商品和服务交易等活动。

从广义上讲，电子商务不仅包括企业间的商务活动，还包括企业内部的商务活动，如生产、管理、财务等。电子商务所指的商务不仅包含交易，还涵盖了贸易、经营、管理、服务和消费等各个业务领域，涉及社会经济活动的各个层面。

电子商务可以通过多种电子通信方式来完成。例如，通过打电话或发传真的方式与客户进行商贸活动，都可以称作电子商务，但是，人们现在所说的电子商务主要是通过 EDI 和互联网来完成的。

电子商务发展到今天，人们提出了通过网络实现包括从原材料的查询、采购、产品的展示、订购到产品制造、储运以及电子支付一系列贸易活动在内的完整电子商务的概念。概括来说，电子商务应包含以下五层含义：采用多种电子方式，特别是通过互联网；实现商品交易、服务交易（其中含人力资源服务、资金服务、信息服务等）；包含企业间的商务活动，也包含企业内部的商务活动（生产、经营、管理、财务）；涵盖交易的各个环节，如询价、报价、订货、售后服务等；采用电子方式是形式，提高效率是主要目的。

所以说，电子商务是各种具有商业活动能力和需求的实体（生产企业、商贸企业、金融企业、政府机构、个人消费者）为了跨越时空限制、提高商务活动效率而采用计算机网络和各种数字化技术等电子方式实现商品交易和服务交易的一种贸易形式。

2. 电子商务的特点

（1）电子商务的优点

1）具有地域、时空优势。传统商务模式通常是固定地点、固定时段销售；电子商务以网店为基础进行在线销售，突破了时间、空间的局限，随时可下单。电子商务没有地域障碍，在更大程度上满足了各类消费者的需求。

2）节约成本。传统商务需要较多的资金支持，需要店面和仓库租金、装修费用、人员工资、硬件设施投入等各种资金；而电子商务的开展则不需要如此之多的资金，成本降低的同时可将更多的利润空间转移给客户，也形成了与传统商务相比的价格优势。

3）减少了中间环节。传统商务开展过程中，销售可能需要经过代理商、经销商等多个环节，不能够快速、直接地面对客户；而电子商务则打破了这种局面，使企业可

以直接面对客户，减少了很多中间环节，同时也减少了中间费用，提升了利润空间。

4）可以扩大销售渠道。与传统商务相比，电子商务的销售渠道大大增加，可以进驻大型电子商务平台，可以开展网络分销、代销等，渠道模式多样化，销售更加可观。

5）管理方便。传统商务管理较为烦琐，且费时费力；对电子商务来说，各类数据都可通过网络清晰呈现，管理、结算、查阅都非常方便、快速、清晰。

6）与客户联系更紧密。传统商务中，客户对于产品的意见和看法一般都只能反馈给最终零售商；而电子商务则不同，网络加强了企业和客户的密切沟通，客户可以直接将意见和看法告知企业，企业也可深入了解客户心声，进行改善。

7）增强了企业竞争力。传统商务模式单一，电子商务模式更具多样性。互联网时代是信息时代，年轻人的消费习惯已和以往不同，进军电子商务增强了企业的时代竞争力。

（2）电子商务的缺点

1）交易的安全性缺乏保障。在开放的网络上处理交易，如何保证传输数据的安全成为影响电子商务普及程度最重要的因素之一。安全问题是电子商务发展中最大的障碍。电子商务的未来需要所有网民的共同协作。

2）标准不统一。各国的国情不同，电子商务的交易方式和手段也存在某些差异，如果要面对无国界、全球性的贸易活动，就需要在电子商务交易活动中建立相关的、统一的国际性标准。

3）电子合同仍然存在法律风险。在电子商务中，传统商务交易中所采取的书面合同已经不适用了，电子合同应运而生。但是，电子合同也存在一些缺点：一方面，电子合同存在容易编造、难以证明其真实性和有效性的问题；另一方面，现有的法律尚未对电子合同的数字化印章和签名的法律效力进行规范。

【知识链接】

电子合同

电子合同是以电子化的方式订立的合同，主要是指在网络条件下当事人为了实现一定的目的，通过数据电文、电子邮件等形式签订的明确双方权利义务关系的一种电子协议。

电子商务作为一种新兴的商业模式，具有传统商务无法比拟的高效、低成本、宣传广泛等特点。但同时，正是由于其起步时间短，因此在安全、管理、物流、法律等方面都存在很多的问题，需要进一步的发展和完善。

二、电子商务的分类

电子商务从不同的角度出发，有不同的分类方法。

1. 按参与主体划分

按照参与主体不同，电子商务可以分为 B2B、B2C、C2C、B2G、C2G 五种基本类型。

（1）B2B 电子商务模式

B2B（Business to Business）是指企业与企业之间通过互联网或专用网络方式进行的电子商务活动，也称为商家或商业机构之间的电子商务模式。它是目前为止电子商务发展最快、所占份额最重的一个领域。典型的 B2B 网站有阿里巴巴等。

B2B 交易次数少，交易金额大，适合企业与供应商、客户之间大宗货物的交易与买卖活动。另外，B2B 模式交易对象广泛，可以是任何一种产品，即中间产品或最终产品。因此，B2B 是目前电子商务发展的推动力和主流。

（2）B2C 电子商务模式

B2C（Business to Customer）是指商家对个人或商业机构对消费者的电子商务模式。它基本等同于电子化的零售商务，具有巨大的发展潜力，是今后电子商务发展的主要模式。目前，互联网上已经遍布各种类型的 B2C 网站，提供各种商品和服务，如当当网、携程网、京东网等。

（3）C2C 电子商务模式

C2C（Customer to Customer）是指消费者之间通过使用公共网站或个人网站等方式进行交易的电子商务模式。采用 C2C 模式的网站有淘宝网等。

（4）B2G 电子商务模式

B2G（Business to Government）是指政府与企业之间通过网络进行的电子商务活动。它可以覆盖企业与政府机构间的许多事务，如政府通过互联网发布采购清单，企业以电子化方式回应，或者政府通过电子化方式向企业征税等。它有助于政府更好地树立形象，实施对企业的行政事务管理，推行各种经济政策等，采用 B2G 模式的网站有中国政府采购网、中国电子口岸网等。

（5）C2G 电子商务模式

C2G（Citizen to Government）是指政府与公民之间通过网络进行的电子商务活动。政府可以通过电子网络系统为公民提供各种服务，如发放社会福利基金和个人报税等。这类电子商务还没有真正形成，但随着 B2C 和 B2G 的发展，各国政府将对个人提供更完善的电子化服务。

2. 按使用的网络类型划分

按照使用的网络类型不同，电子商务可分为基于 EDI 的电子商务、基于 Internet 的电子商务和基于 Intranet/Extranet 的电子商务。

（1）基于 EDI 的电子商务

EDI 即电子数据交换，是指按照一个公认的标准和协议，将商务活动中涉及的文件标准化和格式化，通过计算机网络，在贸易伙伴的计算机网络系统之间进行数据交换和自动处理。EDI 主要应用于企业与企业、企业与批发商、批发商与零售商之间的单证业务传递联系。EDI 电子商务在 20 世纪 90 年代已得到较大的发展，技术较为成熟，但是由于开展 EDI 对企业有较高的管理、技术和资金要求，因此至今尚不太普及。同时，由于 EDI 使用专用网络，安全性比互联网高，所以目前仍然在安全性要求较高的领域中使用。

（2）基于 Internet 的电子商务

基于 Internet 的电子商务是目前电子商务的主要形式。它采用了当前先进的计算机技术、通信技术、多媒体技术、数据库技术，通过 Internet 实现营销、购物等商业服务。它突破了传统商业生产、批发、零售以及进、销、存、调的流转程序和营销模式，实现了少投入、低成本、零库存、高效率。目前，还出现了利用手机等移动通信设备连接 Internet 和专用网络进行的电子商务活动，包括经营、管理、支付、娱乐等。

（3）基于 Intranet/Extranet 的电子商务

基于 Intranet/Extranet 的电子商务是指在一个大型企业的内部或一个行业内开展的电子商务活动。它能够有效地实现企业内部之间、企业与企业之间、企业与合作伙伴及客户之间的授权内数据共享和数据交换，并将每一个各自独立的网络互联延伸，形成共享的企业资源，方便了关联企业相关数据的查询，形成了一个商务活动链。

3. 按运作方式划分

按运作方式不同，电子商务可分为完全电子商务和不完全电子商务。

（1）完全电子商务

完全电子商务即可以完全通过电子商务方式实现和完成整个交易过程的交易，也称为直接电子商务或无形货物和服务，如计算机软件、影视作品、声像作品、事务咨询、翻译、图文信息、游戏等内容的订购、付款和交付，或者是全球规模的信息服务。

（2）不完全电子商务

不完全电子商务即指无法完全依靠电子商务方式实现和完成完整交易过程的交易，它需要依靠一些外部要素（如物流系统）来完成交易。

4. 按活动范围划分

按照活动范围不同，电子商务可分为本地电子商务、远程电子商务和全球电子商务。

(1) 本地电子商务

本地电子商务通常是指利用本城市内或本地区内的信息网络实现的电子商务活动，电子交易的地域范围较小。本地电子商务系统是开展远程国内电子商务与全球电子商务的基础系统。

(2) 远程电子商务

远程电子商务是指在本国范围内进行电子商务活动，其交易的地域范围较大，对软硬件和技术的要求较高，要求在全国范围内实现商业电子化、自动化，实现金融电子化，交易各方具备一定的电子商务知识、经济能力和技术能力，并具备一定的管理水平和能力等。

(3) 全球电子商务

全球电子商务是指在全世界范围内进行的电子交易活动，参加电子交易的各方通过网络进行贸易。全球电子商务业务内容繁杂，数据来往频繁，要求电子商务系统严格、准确、安全、可靠，应制定出世界统一的电子商务标准和协议，使全球电子商务得到顺利发展。

三、电子商务的产生和发展

1. 电子商务产生的背景

电子商务最早产生于20世纪60年代，高速发展于20世纪90年代。其产生和发展的原动力是信息技术的进步和商业的发展，主要推动力有以下几个方面。

(1) 计算机的广泛使用

近几十年以来，计算机的处理速度越来越快，处理能力越来越强，价格越来越低，应用越来越广泛，这为电子商务的应用提供了物质基础。

(2) 互联网的普及和成熟

互联网逐渐成为全球通信与交易的最主要载体，且全球上网用户呈快速增长趋势，互联网快捷、安全、低成本的特点为电子商务的发展提供了应用条件。

(3) 信用卡的普及应用

信用卡以其方便、快捷、安全等优点成为人们消费支付的重要手段，并由此形成了完善的全球性信用卡网络支付与结算系统，为电子商务中的网上支付提供了重要手段。

【知识链接】

信用卡

信用卡（Credit Card）又叫贷记卡，是由商业银行或者其他金融机构发行的具有消费支付、信用贷款、转账结算、存取现金等全部功能或者部分功能的电子支付卡。

（4）政府的支持与推动

1997年欧盟发布了欧洲电子商务协议，美国随后发布了“全球电子商务纲要”，电子商务受到世界各国政府的重视。许多国家的政府开始尝试“网上采购”，这为电子商务的发展提供了有力的支持。

2. 中国电子商务发展阶段

中国的互联网企业经过多年的发展，已经形成非常庞大的产业规模，而且也间接带动了信息技术、信息产业、家电、物流、展会、金融、广告、包装等诸多行业的发展，这其中电子商务类企业贡献尤为显著。电子商务不仅自身形成了产业规模庞大、就业人数众多、经济带动性强的各种子产业，而且很大程度上促进了制造业、流通业与服务业的转型和升级。

电子商务在我国各个经济领域的应用不断拓展，应用水平不断提高，正在形成与实体经济深度融合的态势。大型企业网上购销比重逐年上升，部分企业实现了在线交易、支付及物流局部集成应用。

3. 我国电子商务发展趋势

虽然我国电子商务发展起步比较晚，同发达国家相比还存在较大差距，但在政府、企业和消费者的共同推动下，我国电子商务将在进一步规范的环境中得到更加快速的发展，并呈现以下四个方面的趋势。

（1）实体经济和网络经济融合，成为电子商务的发展方向

电子商务在我国工农业生产、商贸流通、旅游和社区服务等领域中的应用不断拓展和深化。线上和线下融合，线上营销、线下成交或线下体验、线上购买的模式加速形成。企业供应链电子商务、国际电子商务的发展将带动电子商务服务业的发展，并逐步成为国民经济新的增长点。

（2）技术、需求与投资推动电子商务快速发展

在云计算、物联网、移动通信等新一轮信息技术革命的驱动下，电子商务将不断创新应用模式，基于移动互联网、网络社区、LBS（基于位置的服务）等新兴模式不断涌现。我国社会结构和消费观念的变革将给电子商务发展带来新空间，年轻一代逐步成为消费主力军。电子商务支撑体系进一步完善，电子商务发展的内生动力持续增强。

（3）跨境电子商务成为我国企业寻求海外商机的新选择

随着我国跨境电子商务政策制度环境的逐步完善，在电子商务服务企业的带动下，跨境电子商务将进一步发挥中国制造的产品优势，促进“中国制造”向“中国营销”和“中国创造”加速转变。

（4）电子商务应用向新的广度和深度发展

大型企业供应链和商务协同水平不断提高，中小企业积极融入龙头企业电子商务购销体系。电子商务将融合物流供应链，有效地把物流渠道、商业渠道及信息渠道进行捆绑。此外，营销将向精准化方向发展，通过每一个客户在网上的消费，就能够判断客户真正的需求，从而准确地推荐客户所需的商品。

【知识链接】

按需定制

按需定制是根据客户的需求来定制产品或者服务。随着消费升级时代的到来，按需定制服务已蔚然成风。即便是全球技术领先企业也不敢有丝毫松懈，努力通过增强场景化体验的产品与服务，为消费者提供高品质的全新消费体验。未来，那些兼顾绿色环保、高科技、个性化的定制产品尤其受到消费者青睐。

第二节　电子商务环境下的物流配送模式

【引导案例】

2017年，阿里巴巴新零售战略快速落地，通过线上、线下融合，已经产生“网上下单、楼下发货”的新物流模式，盒马鲜生30 min送达、天猫超市1 h送达、门店发货2 h送达等不断出现，新零售速度正在进入“分钟级”时代。

在新零售的趋势下，物流已经成为打通线上、线下的关键动力。凭借30 min送达和1 h送达的物流能力，盒马鲜生和天猫超市在重点城市的生鲜消费中开创了“前店后仓”的新商业模式。消费者只需要在手机应用上购买商品，可以选择“到店自提”或者“配送上门”。选择“配送上门”的，系统将选择离消费者最近的门店发货，可支持全城配送。

根据上述内容思考：什么叫“前店后仓”的新商业模式？盒马鲜生和天猫超市是如何做到30 min和1 h内送达的？

近几年来，电子商务行业以惊人的速度在发展。在这一发展过程中，人们发现物流成为电子商务活动能否顺利进行和发展的一个关键因素。没有一个高效、合理、畅通的物流系统，电子商务的优势就难以发挥。

一、电子商务与物流的关系

物流作为电子商务的基本要素和重要组成部分，在电子商务企业中具有举足轻重的作用。电子商务与物流互相影响、互相促进、共同发展。

1. 物流对电子商务的影响

（1）物流是电子商务的基本要素和重要组成部分

电子商务的本质是商务，商务的核心内容是商品的交易，而商品交易会涉及四个方面，即商流、资金流、信息流、物流。其中，物流是最为特殊的一种，少数商品和服务可以直接通过网络传输的方式进行配送，如各种电子出版物、信息咨询服务等。而对于大多数商品和服务来说，物流仍要经由物理的方式来传输。

（2）物流促进电子商务的快速发展

目前，物流业越来越受到各国的重视，许多先进的技术在物流系统中被采用，如电子数据交换技术、无线射频识别技术、全球定位系统、地理信息系统等，物流系统不断升级，物流业迅速发展，直接的效果便是客户对商品的需求能够更快地满足，从而使交易量大幅度上升。

2. 电子商务对物流的影响

（1）电子商务对物流业地位的影响

电子商务把商务、广告、订货、购买、支付、认证等实物和事务处理虚拟化、信息化，使它们变成能在计算机网络上处理的信息，又将信息处理电子化，强化了信息处理，弱化了实体处理。这必然导致产业大重组，其结果可能使得社会上的产业只剩下两类行业：一类是实业，包括制造业和物流业；另一类是信息业，包括服务业、金融业、信息处理业等。在实业中，物流企业会逐渐强化，因为在电子商务环境中它必须要承担更重要的任务。它既是生产企业的仓库，又是客户的实物供应者。物流业成为社会生产链条的领导者和协调者，为社会提供全方位的物流服务。可见，电子商务把物流业提升到了前所未有的高度，为其提供了空前的发展机遇。

（2）电子商务对物流配送过程的影响

传统的物流配送过程是由多个业务流程组成的，受人为因素、时间因素影响很大。而电子商务下的物流配送业务流程是由网络系统连接的，企业可以通过自己的网站与客户直接沟通，当系统的任何一个终端收到一个需求信息的时候，该系统都会短时间内拟定出详细的配送计划，通知各环节开始工作。即电子商务下的物流配送业务可以实现全过程的实时监控和实时决策，及时且准确地掌握产品销售信息与顾客信息。这一切工作都是由人们事先设计好的程序自动完成的。这样降低了流通成本，缩短了流通时间，简化了物流配送环节，实现了物流的合理化。

二、电子商务环境下的物流配送模式

为迎合电子商务迅速发展的步伐，建立与电子商务发展水平相匹配的物流配送体系就成为当务之急。正确选择物流配送模式不仅可以促进电子商务行业健康发展，而且还可以降低电子商务企业的配送成本，提高配送效率。

1. 我国电子商务物流配送模式

我国现阶段电子商务物流配送模式主要有自营物流配送模式、第三方物流配送模式、物流联盟配送模式三种。

（1）自营物流配送模式

自营物流模式即企业自建物流系统，并且物流配送系统的各个环节由企业自己筹建并组织实施管理，实现对企业内部和外部货物进行配送的模式。在电子商务发展之初，电子商务企业发展规模不大，大多选择自营物流。一方面，采用自营物流模式进行物流管理可以完成供应和销售，能够提高电子商务企业的系统化程度。自营物流模式不但能满足消费者的需求，而且企业对物流有较强的控制力，能够与其他环节紧密配合，服务企业经营管理。另一方面，企业可以保证及时、准确供货，提高服务质量和客户满意度。企业采用自营物流模式建立物流系统，可以更好地宣传企业，提升品牌价值。

但是，企业选择自营物流模式必须投入大量的资源用于基础设施建设和日常物流业务管理，这会影响企业核心业务发展。

在我国，目前采用自营物流模式的电子商务企业主要有两类：一类是规模大，资金实力雄厚的电子商务企业；另一类则是传统的大型企业经营的电子商务网站，他们已经具有自己的车队和完成物流配送的专业人员，在开展电子商务时只需将传统的物流配送体系加以改进、完善。

（2）第三方物流配送模式

第三方物流配送模式是指供应方和需求方双方把需要完成的配送业务委托给第三方来完成的一种配送运作模式。这一配送模式已经被很多企业所接受。它的优点是企业可以把自身的核心力量投入到主营业务中，将后续的配送工作交给专业的物流企业，这样既可以给企业的客户提供最佳的服务，又有利于提高企业经营效率。

（3）物流联盟配送模式

物流联盟是以物流为合作基础的企业战略联盟，它是指两个或多个企业之间为了实现物流战略目标，通过各种协议、契约而结成的优势互补、风险共担、利益共享的松散型网络组织。它是一种介于自营物流模式和第三方物流模式之间的模式，可以降低以上两种物流模式的风险。

在现代物流中，组建物流联盟可以降低经营风险，提高企业的竞争力，同时，企业还可从物流伙伴处获得物流技术和管理技巧。但是，物流联盟模式具有长期性、稳定性的特点，这些会让电子商务企业难以改变物流服务供应商的行为。

2. 三种物流配送模式的比较

物流配送模式的选择是体现电子商务优越性的重要环节，电子商务企业应根据自身的战略目标、企业规模、行业特点选择合适的配送模式。三种物流配送模式的比较见表9—1。

表9—1　　三种物流配送模式的比较

项目	自营物流配送模式	第三方物流配送模式	物流联盟配送模式
控制能力	较强，可跟踪物流变化	失去对物流的控制权	一般
物流成本	前期投入成本大	成本低	成本较低
服务水平	可以不断改进提高，提供个性化的服务	因第三方物流而定，整体服务水平偏低	共同协商而定
响应速度	比较快	反应稍慢	一般
信息水平	及时、有效	延后、不健全	及时、有效
服务对象	电子商务企业自身	没有限制	联盟组建企业
覆盖范围	有区位优势但是范围较小	范围较广	范围较广
专业化水平	缺乏物流专业管理人才，专业化水平低	专业化水平高	专业化水平高
选择风险性	高	相对较低	较高
资金周转	前期基本投入高，加大了固定资金的占有率，但销售资金回笼快，资金流动性好	销售资金回笼慢，资金流动性差	销售资金回笼较快，有利于加速资金流动

思考练习题

1. 与传统商务活动比较，电子商务有哪些特点？
2. 电子商务产生和发展的主要条件有哪些？
3. 简述我国电子商务行业的发展现状和存在问题。
4. 谈谈你对电子商务的理解，你认为电子商务在哪个行业的应用前景较好？为什么？
5. 简述电子商务与物流之间的关系。
6. 简要分析电子商务环境下物流配送的特点和发展趋势。